W0230851

DIE WELT, DIE IHR NICHT MEHR VERSTEHT

Samuel Koch:
Die Welt, die ihr nicht mehr versteht

© 2019 edition a, Wien
www.edition-a.at

Cover: Isabella Starowicz
Satz: Lucas Reisigl

Samuel Koch auf *Facebook*,
Instagram und *Twitter*: @samandrewkoch

Gesetzt in der Premiera
Gedruckt in Deutschland

1   2   3   4   5   —   23   22   21   20   19

ISBN 978-3-99001-332-8

SAMUEL KOCH

DIE WELT, DIE IHR NICHT MEHR VERSTEHT

INSIDE DIGITALE REVOLUTION

edition a

INHALT

Die Zukunft ist schon da, wir haben sie nur übersehen.

Ein Vorwort von Ali Mahlodji

Keine Konferenz in Europa kommt heute ohne das Schlagwort »Digitalisierung« aus, zumeist ist es noch angereichert und garniert mit den Wörtern »Disruption«, »künstliche Intelligenz« und »New World of Work«. Voila, fertig ist die perfekte Diskussionsrunde, um über das Lieblingsthema unserer Zeit zu sprechen: die Gestaltung unserer Zukunft.

Was bleibt, sind oftmals mehr Fragen als Antworten und zumeist scheint es, als würden die Teilnehmer solcher Konferenzen händeringend nach Rezepten suchen, die uns zukunftsfit machen – jedoch fällt bald auf, dass sie auf der Zutatenliste der Lösungen eine komplette Generation nicht bedacht haben, um die es eigentlich geht und welche »die Zukunft« ausbaden darf, die heute von Experten bestimmt wird.

Was mir in dieser Diskussion persönlich auch auf den Magen schlägt ist die Tatsache, dass sich alle – Politiker, Firmenlenker, Gesellschaftsphilosophen und Entscheider – zutiefst einig sind, dass unsere Welt gerade an einem Scheideweg steht und dass es um die Zukunft der Jugend geht, die jedoch in dieser Diskussion keinen Raum bekommt.

Wir Erwachsenen müssen uns schleunigst bewusst werden, dass Zukunft nur gestaltbar ist, wenn wir alle Generationen mitnehmen, und zwar besonders diejenige, die schon in dieser Zukunft lebt.

»Die Jugend von heute!« ist eine Floskel, die viele immer noch verwenden und die sehr gut aufzeigt, wie sehr es am Respekt gegenüber der jungen Generation mangelt.

Wir vergessen zum Beispiel zu gerne, dass wir bereits seit Jahrzehnten vom menschengemachten Klimawandel wissen, es jedoch erst »die Jugend von heute« ist, die mit *Fridays for Future* den globalen Fokus auf den Überlebenskampf gelegt hat. Wir glauben gerne, dass wir die Experten sind, vergessen gleichzeitig aber, dass unsere Expertise oftmals nur das Abbild unserer Vergangenheit ist und wir uns dadurch einschränken, der unbekannten Zukunft eine Chance zu geben.

Es sind auch nicht die politischen Führer dieser Welt, die zum Umdenken anregen. Nein, es sind die jungen Menschen, die dafür stehen, dass die Jugend keinen Respekt mehr vor Tradition, sondern nur mehr vor der Vernunft hat, um unsere Welt in die richtige Richtung zu treiben.

Der Scheideweg, an dem wir als Gesellschaft gerade stehen, entscheidet darüber, wer wir sein wollen und vor allem wie.

In welchem Klima wollen wir leben, wie schützen wir die Schwächsten der Gesellschaft und wie schaffen wir es, dass die zunehmende Automatisierung alle zu Gewinnern einer technologischen Revolution macht? Wir wissen, dass künstliche Intelligenz, autonomes Fahren, zunehmende Digitalisierungsmaßnahmen, 5G-Netze und eine neue Welt der Arbeit bereits 2019 schon Realität sind, doch fehlen uns die Werkzeuge, diese Themen zu verstehen.

Und wer nicht versteht, der kann nicht mitreden.

Um diese Fragen der digitalisierten Welt zu beantworten, müssen wir verstehen lernen, unsere Neugierde wieder auspacken, um uns auf Augenhöhe mit denen einzulassen, welche bereits in einer Dekade die Erwachsenen der Zukunft sein werden – die Jugendlichen. Samuel Koch, selbst »einer dieser Jugendlichen«, hat ein Buch geschrieben, mit dem er uns Erwachsenen zeigt, in welcher Welt wir heute schon leben, und er tut das schonungslos. Er provoziert ab dem ersten Absatz – nicht mit dem Samthandschuh, sondern elegant und direkt mit dem Vorschlaghammer.

Wer Samuel privat kennt, der weiß, dass seine Sprache eigentlich Weisheit, Achtsamkeit und Intellekt miteinander verbindet. Doch gerade bei diesem Buch hat er sich selbst, Gott sei Dank, die Erlaubnis gegeben, falschen Respekt abzulegen.

Ein Buch, das Zukunftsverweigerer aufwecken soll, muss laut sein, muss für Schüttelfrost in altgebackenen Denkmustern sorgen und darf alles, nur nicht stehen bleiben.

Ich habe es genossen, Seite für Seite auf eine Fahrt mitgenommen zu werden, die mit jedem Satz Lust auf mehr gemacht hat. Mehr verstehen, mehr infrage stellen und mehr der Jugend vertrauen.

Als ich Samuel vor einigen Jahren kennenlernen durfte, fiel mir recht bald auf, dass ihm in all seinen Projekten der gesellschaftliche Impact wichtig war.

Obwohl erst 25 Jahre jung, lebt er heute schon seine Mission, welche die Welt verändern kann: Menschen fit für die Zukunft zu machen. Und das ist beeindruckend in einer *Instagram*-Welt, in der zunehmend das Außenbild wichtiger erscheint als der innere Wille, in dieser Welt einen Impact zu schaffen.

Sein junges Alter verbindet Samuel mit einer tiefgründigen Weisheit und einer Ausdauer, die es heute in Kombination braucht, um uns Erwachsene von unserem hohen Ross herunterzuholen. Das Buch ist ohne Frage frech, jedoch niemals beleidigend und ich denke, diese Bodenständigkeit spricht aus seinen geschriebenen Zeilen, man erkennt sie an seinen Wurzeln, welche im kleinen, wunderbaren Deutschlandsberg in der Südweststeiermark liegen.

Manchmal erinnert er mich an ein Flugzeug. Flugzeuge heben nur ab, wenn sie gegen den Wind starten. Und so geht Samuel trotz des eisigen Gegenwindes gegenüber der Digitalisierung den Weg des Predigers, der mit dem Erklimmen jeder Mauer noch mehr in seiner Stärke wächst.

Samuel hat mit diesem Buch nicht nur den eindringlichsten Wegweiser ins digitale Zeitalter geschrieben, sondern auch ein Werk, das auf den Tisch eines jeden Erwachsenen gehört. Das Zeitalter, das auf uns zukommt, von derjenigen Generation erklärt zu bekommen, welche die Zukunft bestimmen wird, ist ein Geschenk, und ich bin stolz drauf, dass dieses neue Standardwerk für die Beantwortung der Frage »Wie geht Zukunft?« nicht aus den USA oder aus China kommt, sondern mitten aus dem Herzen Europas.

Und an alle Erwachsenen: Der Jugend, ja der müssen wir vertrauen lernen. Unserer Vergangenheit sollten wir dankbar sein, doch um Zukunft schreiben zu können, müssen wir Vergangenes entlernen.

Mit »Die Welt, die ihr nicht mehr versteht« machen wir uns auf die Reise und mit Samuel haben wir einen Reisebegleiter an der Hand, dem es ein ehrliches Anliegen ist, dass uns diese Revolution nicht abhängt.

– Ali Mahlodji, Berlin 2019

(Ali Mahlodji ist EU-Jugendbotschafter, Mitbegründer von Europas größter Berufsorientierungsplattform *whatchado* und Trendforscher beim *Zukunftsinstitut*.)

»Die Welt, die wir brauchen, werden nicht jene erbauen, die die Welt, die wir haben, stützen.«

Das sagt Daenerys Targaryen, eine der Hauptfiguren der Serie »Game of Thrones«, in der letzten Staffel. Auch wenn sich Daenerys am Ende als ziemliches Scheusal entpuppt, hat sie damit recht.

VERANTWORTUNG

Ich fordere euch auf, euch zurückzuziehen, oder euren Rückzug jetzt vorzubereiten. Überlasst eure Positionen, welche auch immer das sind, jemandem von uns, also jemandem aus der jungen Generation, und nehmt selbst beratende Funktionen im Hintergrund ein. So wäre es angesichts dessen, was die digitale Revolution schon gebracht hat und was sie in Zukunft noch bringen wird, für euch selbst, für uns, für die Gesellschaft und für den ganzen Planeten am besten. Denn ihr habt den Anschluss an den technologischen Wandel, der alle Lebensbereiche durchdringt, verloren.

Ihr benützt eure Handys, seid in den sozialen Medien vertreten, diskutiert über die digitale Zukunft und fordert dafür vielleicht sogar politisch dieses und jenes – eine Digitalisierung der Schulen, mehr Risikokapital für Start-ups. Aber das ist nur Fassade. In Wirklichkeit erkennt ihr die Welt, in der wir, die junge Generation, leben und bestehen müssen, nicht mehr, und schon gar nicht versteht ihr sie. Sie befindet sich für euch hinter Glas, das matter und matter wird, bis ihr kaum noch ihre Umrisse erkennen könnt.

Es gibt Ausnahmen unter euch. Den genialen Silicon-Valley-Ingenieur und *Tesla*-Gründer Elon Musk zum Beispiel. Er denkt wie wir. Doch das ändert nichts daran, dass ihr fast alle zu einem überholten Modell Mensch geworden seid, das der Zukunft mit seinen Ängsten, Fehleinschätzungen und Verhinderungsstrategien im Weg steht, und das auf viel tiefgreifendere Art veraltet ist, als ihr selbst es befürchtet.

Wer ich bin. Da ihr meine Forderung nach eurem Rückzug wahrscheinlich als Angriff versteht, solltet ihr wissen, wer ich bin. Ich heiße Samuel Koch, bin 25 Jahre alt und habe eine Mission. Sie besteht darin, jungen Menschen unternehmerisches Denken beizubringen.

Unternehmerisch zu denken heißt für mich, sich selbst zu kennen, mit anderen Berechnungen anzustellen, zu führen, geduldig zu sein, die Rolle eines Vorbilds einzunehmen und bereit zu sein, viel zu leisten. Nicht nur Unternehmer, sondern auch Lehrer und leitende Mitarbeiter in Unternehmen oder Beamte können mit dieser Art des Denkens ihre Aufgabe besser bewältigen.

Wir brauchen das unternehmerische Denken, weil uns euer digitales Versagen zwingt, früher und mehr Verantwortung für diesen Planeten zu übernehmen, als alle jungen Generationen vor uns. Deshalb vernetze ich junge Menschen miteinander, arbeite mit ihnen an Geschäftsmodellen und veranstalte Konferenzen für sie.

Ich selbst habe das unternehmerische Denken von meiner Familie. Meinem Vater gehört eine Firma, die bei Technologien für höhenverstellbare Möbel Weltmarktführer ist. Unternehmerisch zu denken ist aber nichts Genetisches. Mein jüngster Bruder ist ein Adoptivkind aus Äthiopien, und auch er denkt so. Es liegt daran, dass viele unserer Gespräche in der Familie und deshalb auch viele unserer Gedanken um unternehmerische Fragen kreisen.

Kurz vor meinem Uni-Abschluss habe ich zudem mit einem Freund ein Start-up gegründet. Unser Produkt ist ein auf Emotion und Spiel basierendes digitales Mitarbeiterfortbildungsprogramm für Unternehmen. Derzeit entwickle ich außerdem eine Universität mit dem Arbeitstitel *WizHub*, die sich auf Kompetenzen, die in Zukunft eine wichtige Rolle spielen werden, für Menschen zwischen 17 und 35 Jahren konzentriert und die Lücke, die unser Bildungssystem in diesem Bereich hat, schließen soll.

Wie es zwischen euch und uns läuft. Ich erlebe dabei jeden Tag, wie ihr über uns denkt, und ich habe es ziemlich satt. Ihr haltet uns für demotiviert, leistungsfeindlich, politisch uninteressiert und auf unsere Handys fixiert.

Die Wahrheit ist, dass wir nur demotiviert sind, uns in eurer Welt mit euren Maßstäben messen zu lassen, dass wir keine Lust auf eure Vorstellung von Leistung haben, die immer etwas mit Unterordnen und sinnlosen Regeln zu tun hat, dass wir uns zwar für Politik, nicht aber für eure Version davon interessieren, und dass wir ständig an unseren Handys hängen, weil dort die Welt entsteht, in der wir in Zukunft leben werden.

Genauso wenig wie ihr wisst, was ihr mit uns anfangen sollt, wissen wir, was wir mit euch anfangen sollen. Keine der Möglichkeiten, die wir haben, ist befriedigend.

Bei euch nach euren Regeln mitzuspielen macht ungefähr so viel Sinn, wie auf einem sinkenden Fischkutter unter strenger Aufsicht die Planken zu lackieren, statt auf dem modernen Schiff, das gerade für die Fahrt in ein spannendes Abenteuer ablegt, einen guten Platz unter Gleichgesinnten zu finden. Trotzdem verbiegen sich einige von uns für euer System, lassen sich von eurem Denken infizieren und haben am Ende für die Zukunft dieses Planeten so wenig Bedeutung wie ihr selbst. Denn wer alt denkt, der ist alt.

Andere von uns versuchen, möglichst nicht mit euch in Kontakt zu kommen. Sie verschanzen sich in unserer Welt. Wenn ihr dann zum Beispiel eines unserer sozialen Medien infiltriert, wie *Facebook*, ziehen wir weiter zum nächsten, bis ihr nicht mehr nachkommt. Schließlich hat es schon immer den Spaß verdorben, wenn die Alten zu den Partys der Jungen gekommen sind. Ihr habt auch noch das Problem, dass ihr vierzig für das neue zwanzig und fünfzig für das neue dreißig haltet.

Auch viele der High Potentials unter uns verschanzen sich in unserer Welt, weil sie frustriert einsehen müssen, dass mit euch kaum Pläne oder Geschäfte zu machen sind. Wozu mit jemandem, für den eine Schule noch immer ein Gebäude mit Klassenzimmern, Tafeln und einem hübschen Eingang mit einem würdevollen Namen darüber ist, über eine digitale Akademie sprechen?

Doch die Strategie des Sichverschanzens funktioniert auch nicht. Es entsteht nur eine Enklave glückloser Genies, ein digitaler Elfenbeinturm mit Menschen darin, die zwar Potenzial haben, deren Kreativität aber mangels Möglichkeiten, sie an der Praxis zu erproben, verkümmert. Denn über den Großteil der Ressourcen an Geld, Einfluss und Kontakten, die sie brauchen würden, um von High Potentials zu Highflyern zu werden, verfügt ihr.

Schließlich gibt es noch die unter uns, die auf die Straße gehen. Zum Beispiel im Rahmen von *Fridays For Future*, um mit der 16-jährigen schwedischen Umweltaktivistin Greta Thunberg im Sinne unserer Zukunft Politiker weltweit von einer mutigen Klimapolitik zu überzeugen.

Diese Strategie ist ebenfalls fragwürdig. Denn ihr findet die Demos für das Klima bloß süß. Ihre Anführer findet ihr sympathisch. Ihr ladet sie in eure Runden ein und präsentiert sie als neue Gesichter in euren alten Medien. Die vermeintlich beschränkte junge Generation kann doch für etwas brennen, denkt ihr und hofft, dass sie als Nächstes doch noch für eure Sache brennt. Hinter Greta Thunberg steht so also auch im Grunde wieder ihr.

Doch wenn ihr unsere Forderungen nicht zügig erfüllt, anstatt sie als Infotainment zu missbrauchen, werden andere kommen. Dann werdet ihr Jugenddemos nicht mehr so gönnerhaft sehen. Denn je klarer uns wird, dass ihr leichtfertig unsere künftigen Lebensräume zerstört und die Ressourcen, die wir für die Entwicklung unserer Zukunft brauchen, zur Erhaltung eurer Vergangenheit vergeudet, desto grimmiger werden bei den Demonstrationen unsere Gesichter sein. Irgendwann werdet ihr Polizeieinheiten mit Helmen, Schildern und Wasserwerfern losschicken und über den Straßen wird Rauch aufsteigen.

Was ich über euch gelernt habe. Ich habe mich schon immer gefragt, was eigentlich los ist mit euch. Was ist, abgesehen von der Erhaltung eurer Komfortzonen, eure Mission? Habt ihr überhaupt eine? Warum bleibt ihr zurück? Warum lasst ihr uns allein? Warum seid ihr so? Wie seid ihr eigentlich? Wie lasst ihr euch noch ändern? Lasst ihr euch überhaupt noch ändern?

Die Antworten auf die meisten dieser Fragen habe ich während meines Zivildienstes im Haus Malta, einem Altenheim der Malteser in Wien, gefunden. Dabei habe ich festgestellt, dass alte Menschen starre Glaubenssätze und Denkmuster haben. Im Umgang mit ihnen gibt es keine andere Möglichkeit, als sich mit diesen Glaubenssätzen und Denkmustern abzufinden.

Vielleicht ärgert euch der Vergleich mit Menschen im Altenheim, doch eure Glaubenssätze und Denkmuster sind schon ziemlich starr. Dass ihr euch trotzdem noch jung fühlt, liegt nicht etwa an einem zweiten Frühling, sondern an Verdrängung.

Ich nehme nicht einmal meinen Vater ganz aus. Er denkt unternehmerisch. Er ist technologiegetrieben und innovativ. Doch ich merke es, wenn es zum Beispiel um Ausbildung geht. Schulabschluss, Studium, beides an Einrichtungen eures veralteten Bildungssystems. Zuerst Bachelor, dann Master. So ist es für ihn Pflicht.

Junge und jung denkende Chefs hingegen mögen Studienabbrecher, weil sie sich kreative und praxisnahe Zugänge von ihnen erwarten. Bei Bewerbern mit drei in Mindestzeit abgeschlossenen Studien fragen sie sich: Hatten die nichts Besseres zu tun?

Starre Glaubenssätze und Denkmuster mögen aufgrund natürlicher Prozesse, über die Psychologen, Neurologen und Gerontologen bestimmt einiges wissen, entstehen. Trotzdem glaube ich, dass keine Generation vor euch den Stillstand so sehr gewollt und den Fortschritt so sehr blockiert hat wie ihr. Es ist wohl eure Gegenreaktion auf den Druck zur Veränderung, der noch auf keine Generation so stark gewirkt hat wie auf euch.

Es wird auch keine Generation nach euch den Stillstand so sehr wollen und den Fortschritt so sehr blockieren wie ihr. Denn ihr seid die Letzten, die in ihrer Kindheit und Jugend den Stillstand noch als Normalität erlebt haben, und die sich deshalb mit zunehmendem Alter so sehr danach zurücksehnen.

Nie hat sich früher etwas für euch verändert, und wenn doch, hattet ihr jede Menge Zeit, euch daran zu gewöhnen. Von der Ausstrahlung der ersten Fernsehbilder mit Ton bis zur Ausstrahlung des ersten Fernseh-Testbildes in Farbe vergingen mehr als dreißig Jahre. Vom ersten GSM-fähigen Handy bis zum ersten Smartphone waren es gut zwanzig Jahre.

Wir werden vielleicht später auch über bestimmte Dinge sagen: »Ach, erinnerst du dich?« Künstliche Intelligenz, virtuelle Realität, erweiterte Realität oder etwa die ersten Versuche zur Stimmungserkennung aus der Stimme werden für uns Nostalgien sein, die uns ein Lächeln abringen werden. Aber wir werden nicht daran hängen bleiben. Denn wir sind schon in einer dynamischen Welt aufgewachsen und fühlen uns am ehesten zu Hause, wenn sich ständig alles ändert.

Die Kluft zwischen euch und uns. Bestimmt haben junge Menschen ältere Menschen schon immer als unveränderlich und fortschrittsfeindlich erlebt. Doch warum ist die Kluft zwischen unseren Generationen größer, als sie es zwischen Jung und Alt je war? Liegt es nur an dem für euch besonders starken Veränderungsdruck? Und warum habe ich das Gefühl, dass diese Kluft weiterwächst?

Es hat wohl damit zu tun, dass nicht nur wir Menschen die Technik weiterentwickeln, sondern dass auch die Technik uns Menschen weiterentwickelt. So etwa verändert uns das Handy, das für euch ein Gebrauchsgegenstand wie ein Auto oder ein Fernseher ist, für uns aber die Fernbedienung unseres Lebens.

Wegen unserer Handys kannten wir spätestens mit elf alle denkbaren Formen von Pornografie, Gewalt, Mobbing, Verzweiflung, Angst und Enttäuschung. Ich will keine psychologischen Meinungen dazu zitieren, wie uns das im Vergleich zu euch verändert hat, denn sie stammen alle von Psychologen eurer Generation.

Sie gehen an solche Fragen grundsätzlich mit negativen Thesen heran, während ich mir vorstellen kann, dass die hemmungslose Enttabuisierung von allem Menschlichen, selbst der menschlichen Abgründe, bei richtigem Umgang damit auch etwas Gutes hat.

Die Kluft zwischen uns wächst auch, weil der Umgang mit Technik unsere Sprache verändert. Es entstehen neue Begriffe, die ihr nicht mehr richtig mitbekommt. »Gamification« zum Beispiel, das Wort für den Einsatz von Elementen aus Spielen wie Erfahrungspunkten, Highscores, Fortschrittsbalken, Ranglisten, virtuellen Gütern oder Auszeichnungen etwa im Produktmarketing oder bei Lern-Apps.

Andere Begriffe wechseln ihre Bedeutung. Das Wort »Content« zum Beispiel bedeutet für uns nicht mehr wie für euch schlicht »Inhalt«, sondern es steht für das Gegenteil von »Bullshit«, also für authentische, ehrliche, auf den Punkt gebrachte Information und Kommunikation, auch »Real Talk« genannt.

Auch deutsche Begriffe können für uns etwas anderes bedeuten als für euch. »Schnell«, zum Beispiel, bedeutet für euch »noch diese Woche«. Für uns bedeutet es »jetzt«. »Für immer« bedeutet für euch »für die nächsten zehn Jahre« und für uns »für heuer«. »Arbeiten« bedeutet für euch »etwas eher Unangenehmes für Geld tun«, für uns bedeutet es »uns selbst verwirklichen«.

Unsere Sprache ist dabei im Vergleich zu eurer direkter, schneller und einfacher geworden. Sie macht vieles leichter und beseitigt Hürden, die euch noch stoppen konnten. So habt ihr früher wochenlang darüber nachgedacht, was zu tun ist, wenn euch ein Junge oder ein Mädchen gefallen hat. Wir dagegen können einfach schreiben: »Hast du Lust auf Kino? (Zwinker-Smiley).«

Eure und unsere Sprachen und Persönlichkeiten sind gerade dabei, sich noch viel weiter auseinander zu entwickeln – weil eine neue Schnittstelle zum Internet gerade die Bildschirme unserer Computer, iPads und Handys ablöst. Wir tippen nicht mehr, sondern wir sprechen.

Will ich zum Beispiel wissen, wann Elon Musk geboren ist, frage ich Siri über meine Apple Watch danach. Siri antwortet: »Am 28. Juni 1971.« In Zukunft werden wir mit unserem Spiegel über unser Aussehen, mit sozialen Robotern über unsere Geheimnisse und mit unseren Häusern wie mit Bediensteten sprechen.

Forschungen haben gezeigt, dass sich Menschen verändern, wenn sich ihre Sprache verändert, und dass sich Sprache verändert, wenn sie nicht der Kommunikation zwischen Menschen und Menschen, sondern zwischen Menschen und Maschinen dient.

Phillipp Blom, ein deutscher Schriftsteller und Journalist, hat es 2014 so formuliert: »Man kann Technologie nicht gebrauchen, ohne durch sie verändert zu werden; und zwar bis ins Innerste, Intimste, verändert zu werden.«

Eure Analysen unserer Generation mögen sich deshalb in vermeintlichen Moden, Spleens und schlechten Sitten erschöpfen, doch in Wirklichkeit funktionieren wir längst auf viel fundamentalere Weise anders als ihr. Wir verhalten uns nicht nur anders, ein anderes Modell Mensch.

Der Wiener Reproduktionsmediziner und Buchautor Johannes Huber glaubt aufgrund medizinischer Beobachtungen sogar, dass die Evolution des Menschen gerade einen Sprung macht. Er glaubt, dass ein Mensch entsteht, der von Natur aus friedlicher, sozialer, empathischer und technikverbundener ist und beschreibt das als Übergang vom »Homo brutalis« zum »Homo amans« – »amans« bedeutet »liebend«. Ich kann dem viel abgewinnen. Krieg ist euer Konzept, nicht unseres.

Wenn ihr euch auf die Suche nach den Ursachen der Kluft zwischen euch und uns macht, bleibt euer Ergebnis trotzdem trivial und dabei egozentrisch. Eure moderne liberale Erziehung war womöglich falsch, denkt ihr dann. Eine eurer absurdesten Schlussfolgerungen daraus ist, dass Kinder eher wieder so wie ihr aufwachsen sollten. So absurd ist sie deshalb, weil es die Welt, in der ihr aufgewachsen seid, nicht mehr gibt, und sie lässt sich auch nicht durch Ge- und Verbote oder Disziplin wiederherstellen. So wie ihr zu sein, würde für uns zudem bedeuten, in unserer Welt so wie ihr zum Scheitern verurteilt zu sein.

Ihr verletzt eure moralische Verantwortung. Privat spielt diese Kluft zwischen euch und uns keine große Rolle. Wenn jemand von euch gerne in einer Hütte am Berg leben und mit der Welt nichts zu tun haben will, ist das seine Sache. Die Welt entwickelt sich dann eben ohne ihn weiter und er muss sehen, wo er bleibt. Anders ist das überall dort, wo ihr Entscheidungen treffen könnt, die sich auch auf uns auswirken, also vor allem im Berufsleben.

Dort nehmen es viele von euch in Kauf, dass sie langsam auf der Strecke bleiben. Ich merke das, wenn ich mit Managern eurer Generation spreche. Sie denken: Ich ziehe mein Ding noch zehn Jahre durch, dann könnt ihr mich gernhaben.

Weil die Perspektive solcher Manager nur bis zu ihrem Karriereende reicht, sind sie schlechte Vorbilder. Sie verhalten sich egozentrisch, statt das mittel- und längerfristige Wohl des Unternehmens und seiner Mitarbeiter, ihres Landes und seiner Bürger, des Planeten und der Menschheit im Blick zu haben.

Es ist für mich die Verletzung einer moralischen Verantwortung, nicht erkennen zu wollen, in welcher Zeit wir leben. Wenn ihr als Manager nicht wahrhaben wollt, dass ihr euch verändern müsst, oder wenn ihr es trotz besseren Wissens nicht tut, dann seid ihr verantwortungslos.

Besonders, wenn ihr dabei auf digitale Zukunft macht, während ihr in Wirklichkeit mit allen Tricks versucht, eure Welt so lange wie möglich am Leben zu erhalten. Zum Beispiel, indem ihr beharrlich wiederholt, dass wir uns »in den nächsten zwanzig Jahren« auf große Veränderungen einstellen müssen. Ich kann das nicht mehr hören. Denn die großen Veränderungen sind schon da. Wir müssen uns jetzt sofort auf sie einstellen.

Eine Weile sah es so aus, als hättet ihr keine Chance mehr, eure alte Welt, ein grotesk gewordenes, nicht mehr lebensfähiges Konstrukt, wiederzubeleben. Doch die USA, wo Donald Trump den Menschen die Kohlekraftwerke zurückgibt und sich gegen die Klimaziele der G-20 stellt, und England, das die Vergangenheit mit dem Brexit auferstehen lassen will, haben gezeigt, dass es doch funktionieren kann. Alte Menschen versuchen, mit der Unterstützung anderer alter Menschen die alten Zustände wiederherzustellen.

Möglich ist das, weil ihr alle Angst vor Veränderung habt. In dieser Angst haltet ihr zusammen. Euer Reflex besteht darin, zu bewahren, was ihr kontrollieren könnt. Selbst wenn es das Klima zerstört, selbst wenn es ein neues globales Gefüge des friedlichen Miteinanders verhindert, selbst wenn es diesen Planeten um Jahrzehnte zurückwirft und womöglich unwiderruflich beschädigt.

Ihr werdet das selbst noch bereuen. Dieser Gedanke kam mir ebenfalls im Haus Malta. Das Klischee der armen und einsamen alten Menschen stimme meistens nicht, sagte mir eine Altenpflegerin. Wer für seine Kinder da sei, für den seien später auch seine Kinder da und umgekehrt. Wenn ihr euch also kollektiv unseren Interessen verweigert, werden wir uns später kollektiv den euren verweigern.

Ich sehe schon jetzt, wie viele von uns nicht mehr mit alten Menschen können und wollen, und wie sie vielen von uns einfach egal sind. Das Thema Pflege wird also noch interessant werden. Pflege-, Unterhaltungs- und Streichelroboter werden womöglich das Beste sein, das ihr von uns erwarten könnt, und es wird nicht unsere Schuld sein.

Wir werden, um möglichst wenig mit euch zu tun zu haben, vollelektronische Pflegeheime für euch bauen, was aber vielleicht gar nicht so schlimm sein wird. Denn die Sparte Human-Computer-Interaction wird sich weiterentwickeln und ihr werdet euch vielleicht richtig gut dabei fühlen, wenn ihr Robotern eure Lebensgeschichten erzählt.

Diese Roboter werden abstrakte Konzepte wie Eigentum einschätzen können, ethische Codes verstehen und kulturelle Normen verinnerlicht haben. Wenn ihr mit ihnen flüstert, werden sie zurückflüstern, und wahrscheinlich werdet ihr sie sogar lieben. Als an der University of California in Berkeley ein simpler Kurier-Roboter ausbrannte, der Essen ausfuhr, waren die Studenten so erschüttert, dass sie an der Unfallstelle Kerzen anzündeten.

In Deutschland und Norwegen wurde 2017 eine intelligente Puppe namens »My Friend Cayla« verboten, weil sie im Verdacht stand, Kinder auszuspionieren. Es kann also sein, dass eure letzten Freunde euer Kaufverhalten im Sinne von *Amazon* manipulieren werden, aber sei's drum. Ihr habt dann vielleicht ohnehin schon Sachwalter.

Eure Erfahrung hat einen Wert. Ich habe im Haus Malta allerdings noch eine für mich wichtige Erfahrung gemacht. Alte Menschen haben auch etwas, das wir junge Menschen brauchen und das uns fehlt. Sie haben Geschichte, und Geschichte ist wertvoll.

Ich spreche davon, dass ein Baum, der keine Wurzeln hat, umfällt. Es ist deshalb für uns wichtig, zu wissen, woher wir kommen. Wer das weiß, verliert nicht so leicht die Perspektive. Er kann fantasievoller über die Zukunft nachdenken.

Es wird allerdings wegen unserer wechselseitigen Vorbehalte immer schwieriger für uns, an diese Ressource zu kommen. Es ist zu mühsam geworden, miteinander zu reden. Es ist langweilig. Es führt zu nichts.

Ich finde das schade. Denn das Beste für diesen Planeten würde geschehen, wenn ihr, wie ich es gefordert habe, nicht nur eure Positionen uns überlasst, sondern gleichzeitig beratende Funktionen im Hintergrund einnehmt. Dann könntet ihr uns stabilisieren, aber nicht mehr bremsen.

Um meinen Beitrag für so ein Miteinander zu leisten, versuche ich, euch die Welt, in der wir leben, ein bisschen näherzubringen. Ihr werdet sie wahrscheinlich nicht mehr verstehen, aber ich will es zumindest versuchen.

BESCHLEUNIGUNG

Ich war vor kurzem bei einem Business-Frühstück im Marmorsaal des österreichischen Wirtschaftsministeriums am Wiener Stubenring. Einer der anwesenden Manager, ein stämmiger Mann um die fünfzig mit dunkelblauem Anzug und bunter Krawatte, stand auf, schlug mit der Hand auf den Tisch und sagte: »Wir Alten, wir dürfen nicht glauben, dass wir einfach so weitermachen können wie immer, mit dieser Trägheit. Wir brauchen die Schnelligkeit der Startups und der jungen Leute. Schnelligkeit ist essenziell, um geschäftlich überleben zu können. Punkt.«

Die Wirtschaftsministerin beobachtete ihn mit der den Politikern eigenen, nie eindeutig interpretierbaren Form globaler Zustimmung. Einmal monatlich veranstaltete sie so ein meist einstündiges Frühstück. Sie lud dazu auch Unternehmer aus der Start-up-Szene wie mich ein, gemeinsam mit Unternehmern der Old Economy und Konzernmanagern. Sie leitete das Ganze ein, dann tauschte man sich aus, über Themen wie EU, Vereinfachung von Behördenwegen, Steuerfragen oder – wie dieses Mal – Digitalisierung.

Der Mann hielt nach seiner spontanen Wortmeldung inne, aber er war noch nicht fertig. »Wir müssen erkennen, dass die Beschleunigung nicht unser Feind ist, sondern unser Freund«, sagte er.

Neunzig Prozent der Anwesenden nickten verhalten zustimmend. So in dem Sinn: Ja stimmt, wir sollten vielleicht nicht nur einen Brandschutzbeauftragten in der Firma haben, sondern auch einen Beschleunigungsbeauftragten, demnächst bespreche ich das mit unserem Betriebsrat.

Ich selbst applaudierte innerlich und dachte: Nimm diesen Impuls und setze auch wirklich deinen Arsch in Bewegung, oder den von jemand anderem in deinem Unternehmen, der auch wirklich etwas zu sagen hat. Denn Tatsache ist, dass sich mit Langsamkeit keine Geschäfte mehr machen lassen, dass das dafür erforderliche Tempo wächst und dass dieser Prozess unumkehrbar ist. Doch besonders in der Old Economy scheint diese Erkenntnis, die schon so breitgetreten ist, dass sie wie eine altbekannte Phrase klingt, noch nicht wirklich angekommen zu sein.

Mir fällt das zum Beispiel bei meinen Reisen in die USA am Flughafen von San Franzisco auf. Da scheint es für jeden Handgriff einen eigenen Mitarbeiter zu geben. Wenn irgendwo jemand ein Papier liegenlässt, gibt es je einen Flughafenmitarbeiter, der den Weg dorthin findet, einen, der es aufhebt und einen, der den Weg zurück findet. Ich frage mich immer, mit welchen technischen Möglichkeiten sich dieser Prozess beschleunigen ließe und, wenn es noch keine gibt, warum der Flughafen nicht in sie investiert.

Bei einem Flughafen geht dieses Versäumnis vielleicht noch durch. Auch wenn die Manager börsenorientierter Flughafenkonzerne das wahrscheinlich anders empfinden, ist der Konkurrenzkampf unter ihnen noch vergleichsweise beschaulich. Flughafenkunden können nicht so leicht ausweichen. Da lassen sich im Sinne städtischer Beschäftigungsinteressen technische Fortschritte schon einmal hintanhalten.

In digitalen Wirtschaftszweigen, und in Zukunft werden alle Wirtschaftszweige digital sein, ist das undenkbar. Es gibt für alles zehn Angebote und wenn eines nicht gut genug ist, sind die digitalen Kunden beim nächsten und vergessen das erste, als hätte es nie existiert. Es gibt keine Monopole und keine Quasi-Monopole mehr, und wer glaubt, eines zu haben, hat es im nächsten Moment verloren.

In der digitalen Wirtschaft können Unternehmen ihre Kunden nicht mehr steuern und manipulieren wie in der analogen. Sie müssen stattdessen schnell sein beim Erkennen des Notwendigen, beim Ziehen der Konsequenzen, beim Denken und beim Handeln.

Es gibt keinen Millimeter Spielraum mehr und jeder noch so kleine Stillstand wird sofort zum Rückschritt. Eine Firma zu führen ist in der digitalen Wirtschaft ein Wettlauf am Puls der Zeit, und wer nicht daran teilnimmt, verstaubt unversehens, wird überrundet und darf dann von den guten alten Zeiten träumen.

Geschwindigkeit ist etwas, das digitale Kunden voraussetzen. Sie gehört zur Grundausstattung eines

Unternehmens, mehr noch als in eurer Zeit ein Büro mit Sekretärin. Wer Erfolg hat, das machen sich die Schnellen untereinander aus, und dann erst geht es um alle anderen Bereiche wie Produktqualität, Design oder persönliche Interaktion.

Wobei auch in diesen Bereichen wieder Schnelligkeit zählt. Persönliche Interaktion zum Beispiel ist ein besonders heikler Bereich, bei dem digitale Kunden gut betreut sein wollen, wenn es darauf ankommt. Doch auch dieses Problem lässt sich bald technisch lösen.

In fünf Jahren wird es keine Callcenter mehr geben, wie wir sie heute kennen. Kunden werden ohne Wartezeiten mit künstlichen Intelligenzen telefonieren. Die werden sich anhören wie lebende Menschen und sie werden super informiert, super entspannt und super empathisch sein. Sie werden durch Analyse unserer Stimme erkennen, wie wir gerade drauf sind, und intelligent darauf reagieren.

Wer zu lange braucht, um diese Entwicklung zu erkennen, wer zu lange auf klassische Callcenter setzt, wird zurückbleiben. Denn sein Kundenservice wird teurer sein, was ihn bei der Preisgestaltung unter Druck bringt, und es wird zudem schlechter sein.

In Zukunft wird über Erfolg oder Misserfolg, über Auf- oder Abstieg ganzer Volkswirtschaften die Schnelligkeit ihrer Unternehmen entscheiden. Ich glaube, dass es dabei verschiedene nationale und regionale Kulturen gibt, und dass in Mitteleuropa, im Vergleich etwa zu Nordeuropa, den USA oder Asien, noch eine Kultur der Langsamkeit herrscht. Die großen mitteleuropäischen Konzerne müssten um so viel schneller sein, als es die meisten von ihnen derzeit sind, dass ich nur von einem Elefantensterben in den nächsten Jahren ausgehen kann, von einem Verpuffen der Kolosse.

Ich würde mit meinen Konferenzen Schwierigkeiten haben, wenn ich beim Recruiting der jungen Leute und der Vortragenden noch genauso vorgehen würde wie am Anfang vor drei Jahren. Aber ich kenne Konzerne von innen, die sich zwar nach außen modern geben, aber in ihrem Betriebsalltag noch arbeiten wie vor zwanzig Jahren und zum Beispiel Excel-Tabellen auf Papier verschicken.

Wenn ich bei ihnen angesichts der Forderungen nach mehr Geschwindigkeit dieses immer irgendwie leblose Nicken sehe, ist mein erster Gedanke: Die werden es nie schaffen, und um die Klein- und Mittelbetriebe steht es nicht besser. Unsere Volkswirtschaft wird untergehen, wenn nicht bald ein Wunder geschieht.

Wir finden Entschleunigung langweilig. Das fundamentale Problem besteht darin, dass die Beschleunigung eure Welt in Unordnung bringt, weshalb ihr euch ihretwegen lieber in kulturpessimistischen Abhandlungen ergeht, in einem großen Gejammer, als euch der Beschleunigung zu stellen. Ihr verweigert sie und bleibt damit als Gewohnheitstiere im Zoo der aussterbenden Arten zurück.

Ihr glaubt, das Glück liegt in der Entschleunigung, in der Langsamkeit, und dass ihr etwas tun müsst, damit alles wieder so langsam wird, wie es einmal war. Ihr hofft, dass jemand bremst. Aber wie? Wo ist eine Bremse?

Es ist gut, dass es keine gibt, denn Entschleunigung in eurem Sinn würde den Fortschritt verlangsamen. Sie würde uns und die nächsten Generationen um Chancen bringen. Zum Beispiel um die Chance, in Callcentern gleich dranzukommen und richtig gut behandelt zu werden. Oder um die Chance, mithilfe neuer Technologien schon bald Krankheiten verhindern und heilen zu können, die bisher das Schicksal der Betroffenen bestimmt haben. Oder um die Chance, mit neuen Umwelttechnologien die Schäden zu beheben, die ihr durch euren Raubbau an der Natur und eurem verantwortungslosen Umgang mit den Ressourcen dieses Planeten angerichtet habt.

»Ich habe nichts gegen Meditation, Yoga und Slow Food. Aber das sind Luxusphänomene. Die kann man zum Vergnügen betreiben, aber als politische Option finde ich das nicht mal diskussionswürdig«, sagte der österreichische Philosoph Armen Avanessian in einem Interview mit der Zeitschrift *Brand 1* zum Thema Be- und Entschleunigung.

Wenn ihr zwischendurch eine Woche ohne Handy verbringen wollt, weil ihr das Gefühl habt, dass ihr euch bei dem hohen Tempo verliert, warum nicht. Aber wenn ihr tatsächlich sagt: »Ich will von all dem nichts wissen, ich ziehe mich in meine Hütte im Wald zurück, gehe fischen und wenn ich neue Schuhe brauche, kaufe ich sie von meinem Ersparten«, kann ich euch nur warnen. Überlegt euch das gut.

Ich weiß zwar nicht, was genau ihr im Wald zu finden hofft und will deshalb nicht darüber urteilen. Aber an dem, was jetzt auf diesem Planeten Dasein bedeutet, an dem Abenteuer seiner aktuellen Entwicklungen, geht ihr dann vorbei. Vielleicht verpasst ihr dann den Sinn eures Lebens auf der Suche danach.

Uns ist im Gegensatz zu euch klar, dass Leben nun einmal nichts Stabiles ist. Dass es ständig im Fluss ist. Dass Veränderung einfach passiert, dass sie zum Leben gehört wie das Rauschen zum Meer. Sie war schon immer da, sie hat sich schon immer exponentiell beschleunigt, und sie wird es auch in Zukunft tun. Wir stellen uns ihr und lernen dabei, sie zu beherrschen.

Es ist wie bei der Entdeckung des Feuers. Wären die Urmenschen immer weggerannt, wenn sie Feuer gesehen hätten, hätten sie nie gelernt, sich damit zu wärmen, damit zu kochen und es zu löschen. Das Feuer wäre ihr Feind geblieben und es wäre noch heute unser Feind. Doch die Menschheit hat gelernt, es zu kontrollieren und auf viele Arten Energie daraus zu gewinnen.

Klar, dass wir uns beim Umgang mit der Beschleunigung leichter tun als ihr. Wenn sich früher technische Revolutionen abgezeichnet haben, blieben sie immer bis zu einem gewissen Grad Science Fiction für euch. Ihr habt euch nicht einmal besonders dafür interessiert, denn ihr konntet davon ausgehen, dass diese Revolutionen – wenn überhaupt – erst eure Kinder oder Kindeskinder betreffen werden.

Wir dagegen sind seit wir denken können daran gewöhnt, dass eine Innovation auf die nächste folgt. Für uns kamen die meisten Dinge schon immer schneller als angekündigt, in ein paar Monaten oder einem Jahr, und andere kamen ganz ohne Ankündigung.

Wenn wir hören, dass in Zukunft Sensoren einen Herzinfarkt Stunden vor seinem Eintritt erkennen und automatisch die Rettung holen können, denken wir deshalb: Super, demnächst haben wir das Thema Herzinfarkt im Griff, gut für unsere Eltern. Wenn so eine Innovation dann länger als zwei Jahre auf sich warten lässt, fragen wir uns, was eigentlich los ist, aber die wenigsten lassen so lange auf sich warten.

Unser Lebensstil hat sich dem Tempo angepasst. Wir haben, mehr intuitiv als bewusst, bereits einen Lebensstil entwickelt, der uns zu einer Art Homo tempo macht und der ideal für eine sich beschleunigende Welt ist.

In wesentlichen Zügen ist unser Lebensstil das genaue Gegenteil von dem, der euch als ideal verkauft wurde. Ein Haus auf Pump kaufen, dafür ein Leben lang im Hamsterrad eines Jobs strampeln und den Rest eurer Bewegungsfreiheit für ein zu teures Auto und einen aus romantischen Illusionen oder sozialem Druck geschlossenen Ehevertrag abzugeben, ist für uns so sinnvoll, wie mit einem Rucksack voller Steine schwimmen zu gehen.

Selbst jene von uns, die den Zusammenhang zwischen Steinen, Schwerkraft und Wasser nicht verstehen, werden intuitiv lieber ohne Lasten ins Wasser gehen. Genauso werden selbst jene von uns, die die Unvereinbarkeit von Bindung durch Besitz, Schulden, lange Dienstverträge und Eheverträge mit Schnelligkeit nicht verstehen, automatisch einen bindungsfreien Lebensstil wählen, weil er sich besser anfühlt.

Wir als Vertreter des Homo tempo leben am liebsten so, dass wir in allen Lebensbereichen, sei es das Wohnen, die Fortbewegung oder die Liebe, immer kommen und gehen können. Selbst wenn wir irgendwo oder bei irgendjemandem lange bleiben,

wird die Möglichkeit des Gehens unser Grundge-
fühl verbessern. Wir leben am liebsten flexibel und
offen für alles.

Mit Besitzen, etwa von Immobilien oder Fahrzeu-
gen, um die sich euer Lebensstil im Wesentlichen
dreht, wollen wir uns nicht aufhalten. Wir betrachten das Besitzen eher als Dienstleistung, die wir am
liebsten Besitzgesellschaften überlassen. Eine Mischung aus verschiedenen, teils befristeten und teils
digitalen Jobs empfinden wir nicht wie ihr als ent-
würdigend, sondern als Freiheit. Eine Beziehung,
bei der wir die Möglichkeit behalten, ohne Rechts-
streit auseinanderzugehen und Freunde zu bleiben,
ist für uns nicht oberflächlich, sondern ein gemeinsames Bekenntnis zur Veränderlichkeit aller Dinge.

Das bedeutet nicht, dass wir im Nichts leben und
am Ende ohne alles dastehen. Das ist eines eurer
großen Missverständnisse. Denn Tatsache ist, dass
Freiheit und Unverwurzelbarkeit treuer macht als
Ketten welcher Art auch immer, sowohl im privaten als auch im wirtschaftlichen Bereich. Es hat mit
dem Gesetz des Vogels zu tun, von dem ihr auch
schon gehört habt. Mit dem, der zu uns zurück-
kommt, wenn wir ihn freilassen.

Gleichzeitig lernen wir als Vertreter des Homo
tempo rasch, dass das Gemeinsame, die Verbindung
und der Austausch mit anderen schneller macht als
das Einsame. Wir wissen, dass es eine Illusion ist, al-

lein etwas verändern oder erreichen zu können. Dieses Wissen verlangt uns schon früh eine Überwindung jener beiden Persönlichkeitsmerkmale ab, die euch noch dominieren: Egoismus und Narzissmus.

Bei uns gibt es ein agiles Zusammenarbeiten verschiedener Firmen und unabhängiger Einzelpersonen an einer gemeinsamen Sache. Die Beschleunigung lässt dabei für unangenehme Befindlichkeiten, wechselseitige Vorbehalte, Territorialkonflikte und Konkurrenzreflexe keinen Platz mehr. Sie verlangt uns Offenheit nach allen Richtungen und damit auch Risikobereitschaft ab.

Außerdem lernen wir früh, dass positive Energie schneller macht als negative, eine Erkenntnis, die nicht nur unsere Art zu denken und unseren Umgang mit den Menschen in unserer Umgebung formt, sondern unsere Verhaltensweisen insgesamt beeinflusst. Wir betrachten Konflikte, seien es private, berufliche oder politische, viel eher als ihr als Zeitverschwendung, womit global betrachtet die Kriegseintrittsschwelle mit uns in euren Positionen sinken wird. Krieg ist wie gesagt euer Konzept, nicht unseres. Die Machtablöse durch uns ist wahrscheinlich das größte globale Friedensprojekt aller Zeiten.

Um die Beschleunigung beherrschen zu können, haben wir zudem eine viel höhere Bereitschaft zum Experimentieren und Improvisieren als ihr. In eurer Welt muss zum Beispiel ein Produkt zu 110 Prozent fertig sein, ehe es auf den Markt kommt. Dafür entwickelt, testet und verbessert ihr es immer und immer wieder.

Wir arbeiten nicht so. Wir quälen uns auch nicht zuerst durch fünfzig Gremien, die auch ihre Meinungen dazu abgeben müssen, und wir suchen am Ende nicht nach dem besten Kompromiss, mit dem alle einigermaßen leben können.

Wir wollen das nicht, weil wir dafür zu ungeduldig sind, weil wir keinen Sinn darin erkennen und wir könnten so auch gar nicht arbeiten, weil es den Markt für unsere Produktidee nach einer derartigen Entwicklungsphase vielleicht gar nicht mehr gibt. Wir machen ein Produkt vielleicht nur zu neunzig Prozent fertig, hauen es raus, schauen, wie der Markt darauf reagiert und entwickeln es dann weiter.

Deshalb hat auch das Wort »Fehler« in eurer Sprache eine andere Bedeutung als in unserer. Für euch ist ein Fehler immer ein Problem. Ihr müsst euch dafür rechtfertigen. Für uns ist ein Fehler etwas Tolles. Er zeigt uns, dass wir leben und aktiv sind. Wir sind nach jedem Fehler ein Stück weiter. Wir machen nichts falsch, wenn wir Fehler machen.

Beschleunigung ist unser Freund. Es gibt einen Punkt in der biologischen und psychologischen Entwicklung jedes Menschen, ab dem er sich nicht mehr auf Geschwindigkeit und Beschleunigung einlassen kann.

Das wäre dann so, als spanne man vor eine knarrende alte Pferdekutsche einen Zugwagen mit 500 PS und als wolle man damit auf die Autobahn fahren.

Bestimmt liegt dieser Punkt im Leben jedes Menschen an einer anderen Stelle. Wo er liegt, hängt vermutlich von der jeweiligen Denkart, dem Ausmaß der Neugierde und der Lebensweise des Menschen ab. Faktum bleibt, dass es irgendwann zu spät für euch ist, sich noch an das wachsende Tempo der Welt als neue Dimension eures Lebens zu gewöhnen. Anders ausgedrückt: Meine Oma, so sehr ich sie auch liebe, werde ich nicht mehr biegen können.

Das darf euch aber nicht als Ausrede dienen, euer Leben auf jeder Ebene gründlich aufzuräumen, um uns, dem Homo tempo, noch möglichst ähnlich zu werden. Dafür solltet ihr zunächst, so wie es jener Manager beim Business-Frühstück der Wirtschaftsministerin gesagt hat, die Beschleunigung als Freund statt als Feind betrachten. Ihr solltet euch auf sie einlassen.

Es ist so wie mit einem Fluss. Wenn ich im Sommer zur Donau fahre und bis an die Hüften ins Wasser gehe, wird die Strömung an mir reißen. Ich werde meine ganze Energie und Aufmerksamkeit brauchen, um meine Position zu halten und es wird mir trotzdem nicht lange gelingen. Wenn ich mich den Wellen überlasse, kann ich meiner Fortbewegung eine Richtung geben und dabei Stille erleben, sozusagen eine dynamische Version von Langsamkeit. Das hat dann nichts damit zu tun, mit dem Strom zu schwimmen, sondern etwas damit, mit der Zeit zu gehen.

Sich der Beschleunigung zu überlassen setzt voraus, die eigenen Komfortzonen laufend neu zu definieren und wach zu bleiben, aber nichts von beidem ist schlecht. Beides ist gut. Beides bedeutet persönliche Weiterentwicklung. Beides bedeutet, mehr aus sich selbst herauszuholen, als bisher geplant war. Beides bedeutet Selbstverwirklichung.

FORTSCHRITT

Solange ihr wollt, dass alles bleibt, wie es ist, wird der Druck unserer Welt auf eure steigen. Sie wird mit wachsender Geschwindigkeit an euch vorbei-, über euch hinweg- und unter euch hindurchfließen. Euer Wunsch nach einer Rückkehr zum Stillstand wird sich nie erfüllen. Denn ihr stellt euch damit gegen den Fortschritt, der für jede Gesellschaft elementar ist.

Es gibt ein Maß an Fortschritt, das euch noch angenehm ist. E-Mails und *Facebook*, das war in Ordnung für euch und kam nicht zu schnell. Vielleicht schafft ihr mit der Zeit auch noch *Instagram*. Viel mehr geht nicht.

Trotzdem verändert der Fortschritt eure Welt weiter. Am liebsten würdet ihr ihn abschaffen. Weil das nicht gelingt, seht ihr ihn immer negativer. Ihr habt euren technischen Analphabetismus und den Zukunftspessimismus zu den geheimen Ideologien eurer alten Tage gemacht.

Wir entscheiden, wie wir leben wollen. Indem ihr euch gegen den Fortschritt stemmt, überlasst ihr euch ihm als potenzielle Opfer. Denn so entwickelt ihr zwangsläufig die fatalistische Haltung, dass die Zukunft etwas ist, das einfach kommt, und ihr müsst euch ängstlich die Frage stellen, wie ihr später einmal leben werdet.

Wir denken anders. Wir fragen uns nicht, wie wir leben werden, sondern wie wir leben wollen. Wir glauben nicht, dass die Zukunft einfach kommt, sondern dass wir sie erschaffen, indem wir am Fortschritt teilnehmen und ihn gestalten. Wir wissen im Gegensatz zu euch, dass wir die neuen Techniken ernst nehmen müssen und dass sich möglichst viele von uns mit ihnen beschäftigen müssen, damit wir eine Chance haben, sie in unserem Sinn zu steuern.

Ihr tut euch schon bei der Beurteilung schwer, was Fortschritt überhaupt ist und was er kann. Es fehlt euch dabei an Sachlichkeit. Bei euch geht es immer gleich um techno-biologische Mythen wie das ewige Leben. Dabei ist die irdische Form davon wohl eher ein PR-Gag des Silicon Valley, der vielleicht dessen ungezügelte Hybris dokumentiert, aber keine tatsächliche Option ist.

Jede Entwicklung haltet ihr zunächst für schädlich. Ihr seht zum Beispiel im Höhenflug der sozialen Medien den Untergang der zwischenmenschlichen Kommunikation. Gehirnfunktionen würden sich wie ein mit Gips ruhig gestellter Muskel zurückentwickeln, wenn wir sie lange genug nicht benützen, sagt ihr. Weshalb wir durch die sozialen Medien die Fähigkeit, emotional aufeinander zu reagieren, nonverbale Zeichen zu deuten und womöglich sogar die grundlegende Befähigung zum Mitfühlen verlieren würden.

Oder ihr ergeht euch gleich in Dystopien, etwa von einer Gesellschaft, die sich mit VR-Brillen in künstlichen Scheinwelten verliert, während die Körper der Menschen auf Sofas verfaulen. Und natürlich ist da immer der Mythos von der Machtübernahme durch künstliche Intelligenz.

Ihr tut dabei immer so, als würde künstliche Intelligenz nach dem Muster menschlicher Intelligenz funktionieren. »Das ist in etwa so, als hätte man ein Flugzeug konstruiert, das die Flugbewegungen von Amseln nachmacht«, sagt der bereits zitierte Philosoph Armen Avanessian. Die aus Science-Fiction-Filmen wie »Terminator« oder »Matrix« bekannten Ängste, eine künstliche Intelligenz würde irgendwann zornig werden und die Menschen unterwerfen, sei absoluter Unsinn. Avanessian: »Das ist Ausdruck eines Mangels an Fantasie und an Imaginationskraft, was denn überhaupt mit dieser künstlichen Intelligenz zu tun sein wird und wie man sie progressiv wird nutzen können.«

Euer Zukunftspessimismus bringt die gleiche Art von Bullshit hervor, die schon bei der Erfindung des Autos Menschen beschäftigte. Damals hieß es zum Beispiel, von Studien belegt, dass den menschlichen Körper jede Art von Fortbewegung mit mehr als dreißig Stundenkilometern beschädige.

Erlahmende Hirnfunktionen durch soziale Medien? Schon unter den alten Griechen gab es einige, die warnten, dass wegen der Schrift Menschen die Fähigkeit, sich Dinge zu merken, verlernen würden.

Exil in virtuellen Welten? Auch alle kommenden Generationen werden Menschen sein, und Menschen sind nun einmal soziale Wesen, die für ein glückliches Leben echte menschliche Nähe brauchen.

Eure negative Einstellung zum Fortschritt verleitet euch auch, Beobachtungen falsch zu interpretieren. Ein Beispiel: In einem Restaurant sitzt ein Paar an einem Tisch. Beide schauen aufs Handy, ohne miteinander zu kommunizieren. Ihr seht über den Rand eurer Zeitung zu ihnen hinüber und denkt: Handys zerstören unsere Beziehungen.

In Wirklichkeit gab es die gleiche Wortlosigkeit zwischen Paaren auch schon vor fünfzig Jahren, bloß wäre sie euch damals nicht aufgefallen. Die Handys machen sie bloß sichtbar, und dank ihnen haben die beiden jetzt wenigstens eine Möglichkeit, mit dieser Wortlosigkeit umzugehen.

Ich beobachte, dass Handys und soziale Medien sogar positive Auswirkungen auf unsere persönlichen Interaktionen haben. Schließlich sind sie ein intensives Online-Trainingsprogramm dafür. Wir lernen mit ihrer Hilfe, wie wir authentisch und sympathisch wirken, und wie wir auf andere eingehen können. Außerdem stärken sie unser Einfühlungsvermögen in die Gesellschaft und unser Bewusstsein für die großen Themen der Zeit. So entstehen ein neuer digitaler Altruismus und eine neue digitale Solidarität.

Nichts ist jetzt für uns gut, nur weil es früher gut war. Soziale Medien und das Internet bergen auch Gefahren. Es gibt so etwas wie eine Abhängigkeit von ihnen, eine Sucht nach ständiger Onlinepräsenz, aber das ist okay. Das gehört zu den Herausforderungen, die wir zu bewältigen haben. Wir stellen fest, dass wir in so eine Abhängigkeit geraten können, und dass wir dann etwas dagegen tun müssen. Immerhin hat diese Form der Abhängigkeit im Vergleich zu Drogensucht, Alkoholsucht, Spielsucht oder Einkaufssucht wenigstens eine soziale Komponente.

Dass sich Innovationen auch missbräuchlich verwenden lassen, wissen wir spätestens seit der Erfindung des Messers. Die Mittel dagegen sind Regeln. Es musste auch einmal jemand die Frage beantworten, wie es sich verhindern lässt, dass Autofahrer an Kreuzungen zusammenkrachen. Die Rechtsregel, Vorrangstraßen und Verkehrsampeln mussten erfunden werden, aber niemand kam auf die Idee, deshalb den Ausbau von Straßen oder die Weiterentwicklung der Autos zu stoppen. Was bringt euch auf den Gedanken, dass dieses Konzept des Verhinderns jetzt auf einmal en vogue wäre?

Eure Idee, dass etwas, das früher gut war, auch in Zukunft gut sein kann, ist jedenfalls falsch. Nehmen wir als Beispiel die Kohle. Als die Menschen entdeckten, dass sich aus Kohle mehr Energie als aus Holz gewinnen lässt, war das eine wunderbare Sache. Besonders bei der Industrialisierung spielte die Kohle eine wichtige Rolle. Sie brachte Arbeitsplätze und ermöglichte den Fortschritt. Der Verbrauch an Kohle stieg und schuf Arbeitsplätze.

Doch inzwischen haben wir entdeckt, dass Energie aus der Sonne oder dem Wind umweltfreundlicher ist als jene, die aus der Verbrennung von Kohle gewonnen wird. Wir wissen, dass Fortschritt heute die Umstellung auf diese Energiequellen erfordert. Ihr wisst das auch, doch mit eurer Fortschrittsfeindlichkeit seid ihr in dieser Situation nicht ausreichend handlungsfähig. Alle möglichen Gründe, mit dem Kohlebergbau fortzufahren, fallen euch ein, und ihr habt offene Ohren für die Lobbyisten der falschen Seite.

Im Fall der Kohle geht es dann um Arbeitsplätze. Doch den Kohlebergbau wegen Arbeitsplätzen am Leben zu erhalten, wie es Trump will, ist so unsinnig, als hätten wir einst beim Aufkommen der Automobile die Pferdekutschen wegen der Arbeitsplätze für Hufschmiede erhalten. Eigentlich ist es noch unsinniger, denn Pferdekutschen haben wenigstens dem Planeten nicht geschadet.

Es ist in Ordnung, Menschen, die durch den Fortschritt in Not geraten, als Gemeinschaft, als Staat, zu helfen. Es ist aber nicht in Ordnung, eine als schädlich identifizierte Industrie um ihrer selbst willen auch nur einen Tag länger als nötig am Leben zu erhalten. Wer nimmt dazu woher das Recht?

Oder das Beispiel Autoindustrie. Nirgendwo anders ist es so offensichtlich wie hier, dass es eine alte, für den Planeten schädliche, und eine neue, für den Planeten bessere Welt gibt, und dass die alte Welt untergehen und die neue kommen wird. Trotzdem beharrt die deutsche Autoindustrie auf der alten und leitet damit gerade die nächste europäische Wirtschaftskrise ein. Nicht nur die Autohersteller selbst, sondern auch tausende Zulieferbetriebe werden leiden und zehntausende Jobs werden wegfallen.

Und warum? Weil *VW*, *BMW* und *Mercedes* ihre Strategien auf Basis von Erfahrungen entwickelt haben, die nicht mehr zählen. Sie machen Mobilität nicht mehr für die ganze Welt wie noch vor einigen Jahren. Sie machen Mobilität vorbei am Fortschritt und nur noch für einen allmählich schrumpfenden Teil der Welt, nämlich für euch.

Auch wenn eure Verkehrsmittel schon jetzt nicht mehr richtig als Statussymbole taugen, es sei denn für den Status »uncool«, gibt es bestimmt noch zwanzig Jahre lang Menschen, die gerne mit rauchenden Auspuffen ein bis zwei Tonnen Metall mitschleppen, wenn sie von einem Ort zum anderen wollen, und die dieses Metall in der restlichen Zeit mit einigem Aufwand an Geld warten und pflegen.

Dennoch hätte die deutsche Autoindustrie nach dem Dieselskandal alle Alten austauschen und durch welche von uns ersetzen müssen. Stattdessen sitzen die Alten in München, Wolfsburg und Stuttgart noch immer an ihren Schreibtischen und legen Papiere vor, in denen steht, wie viele Elektroautos sie bis 2030 verkaufen wollen, während sie weiterhin Dieselautos bauen und die neue Verkehrswelt anderen überlassen.

Ich bin kein *Tesla*-Fan, aber *Tesla* steht für einen weiteren großen Unterschied zwischen eurer und unserer Beziehung zum Fortschritt. Ihr argumentiert gerne für eure fetten Diesel mit dem Hinweis auf die ungünstige Ökobilanz der aktuellen Elektroautos. Wir lassen uns von so etwas nicht verunsichern und setzen auf die Technologie, der die Zukunft gehört, auch wenn sie in der Startphase noch Schwächen hat.

Ohne Fortschritt werden wir unrund. Eure Probleme mit dem Fortschritt werden mir immer bewusst, wenn ihr mit euren neuen technischen Geräten zu euren Kindern geht, um euch einfachste Funktionen erklären zu lassen. Denn eure Welt kommt schon in Unordnung, wenn die neue Generation eures iPhones keinen Home Button mehr hat. Nicht schon wieder etwas lernen, denkt ihr dann, muss das wirklich sein?

Unsere Welt kommt in Unordnung, wenn es zwischen zwei Generationen eines Handys keine revolutionären technischen Neuerungen gibt. Wir kaufen es einfach nicht mehr, weshalb dann Milliardenkonzerne wie *Apple* Umsatzeinbußen erleiden.

Mir fällt dazu immer die Geschichte jenes britischen Pfarrers ein, dessen Mutter als Näherin arbeitete und der fand, dass das Nähen schneller und einfacher gehen müsse. Er erfand die Nähmaschine und reiste damit durch halb Europa, um ein Patent dafür zu bekommen.

Unter anderem war er im Habsburgerreich und bot sie dem Kaiser an. Der dachte genau wie ihr jetzt: Damit ginge doch alles viel schneller, tausende Menschen würden ihre Arbeitsplätze verlieren, und wenn sie nichts mehr zu tun haben würden, würden sie vielleicht noch beginnen, über Politik nachzudenken.

Der Pfarrer bekam sein Patent in England, das durch die offene Denkart der Einwohner zum Geburtsort der Industrialisierung wurde und dadurch lange Zeit führende Weltmacht war. Die Habsburgermonarchie dagegen zerfiel und auch alle anderen Länder, wo ähnlich gedacht wurde und am Status quo festgehalten wurde, bekamen Probleme. Mit der Armee, mit dem Hunger, mit der Politik.

Während wir ohne Fortschritt unrund werden, geht ihr wie damals die Entscheidungsträger der Habsburger von einer fatalen Fehleinschätzung aus. Ihr glaubt, der Fortschritt ließe sich aufhalten. Er lässt sich wie gesagt gestalten, das auf jeden Fall, aber aufhalten lässt er sich nicht. Er lässt sich genauso wenig aufhalten wie die Beschleunigung. Denn Fortschritt und Beschleunigung sind elementare Bestandteile der Evolution. »Die Geschichte zeigt, dass man zwei Möglichkeiten hat: Man kann nach vorne gehen, oder zurückbleiben und im Mülleimer der Geschichte landen. Stillstand ist keine Option«, sagte einmal Todd McNutt, Weltraumwissenschaftler an der *Johns Hopkins Universität* in Baltimore.

Nehmen wir noch einmal das selbstfahrende Auto als Beispiel. Es wird kommen, denn es ist eine tolle Sache. Ich zum Beispiel fahre regelmäßig an den Gardasee. Dafür brauche ich von mir daheim aus sechs Stunden. Es wäre wunderbar, wenn ich unterwegs im Auto schlafen und arbeiten könnte, statt mich mit dem Verkehr zu stressen, das Ganze auch noch bei verringertem Unfallrisiko. Wenn ich dieses Auto dann nicht einmal selbst besitzen muss, sondern es mir per App holen kann, mit meiner Lieblingsmusik und der für mich angenehmen Temperatur im Fahrzeug sowie der perfekten Sitzposition, für mich schon voreingestellt, umso besser.

Europa kann trotzdem sagen: »Wir sind dagegen. Das selbstfahrende Auto ist zu gefährlich und es vernichtet Arbeitsplätze.« Dann kommt es eben nicht aus Europa, sondern aus China oder den USA. Dann bestimmen aber auch nur diese beiden Länder, wie genau es aussehen und was genau es können wird.

Eine Barriere gegen selbstfahrende Autos errichten zu wollen wäre so, als hätte nach der Erfindung des Autos ein Land oder ein Kontinent die weitere ausschließliche Verwendung der Pferdekutschen als Hauptverkehrsmittel verfügt. Ihr könnt euch privat dazu entscheiden, kein selbstfahrendes Auto zu benutzen. Es gab sicher auch beim Umstieg von Pferdekutschen auf Autos Menschen, die weiterhin Kutsche gefahren sind, als schon alle anderen Autos fuhren. Aber lässt sich das selbstfahrende Auto zum Beispiel auf einem bestimmten Kontinent oder in einem bestimmten Land verhindern? Sicher nicht auf Dauer. Um so ein Produkt politisch zu verhindern, bräuchte es schon eine äußerst starke Diktatur, wie sie Nordkorea hat.

Wir brauchen den Fortschritt zur Rettung der Welt. Der Fortschritt wird dafür sorgen, dass die Welt immer automatisierter wird. Alles, das uns jetzt etwas mühsam erscheint, wird wegfallen. Alles, was sich automatisieren lässt, wird automatisiert werden. Alles. Aber ist das schlecht? Früher war Karten- und Stadtplanlesen etwas mühsam, jetzt benutzt auch ihr eure Navis. Wenn ihr so leidenschaftlich gerne Karten und Stadtpläne lest und glaubt, dass es besser für euer Gehirn ist, dann könnt ihr es ja weiterhin machen. Solange so viele von euch noch leben, wird es immer Firmen geben, die derlei produzieren.

Doch der Wegfall lästiger Tätigkeiten ist nur so etwas wie ein Nebenprodukt des Fortschritts. In erster Linie brauchen wir ihn nicht für unsere Bequemlichkeit, sondern zum Lösen von Problemen, die mit der Weiterentwicklung der Menschheit auftauchen.

Douglas Tompkins, der Gründer von *Esprit*, der mit seinen Milliarden Wälder kauft und die Vision einer Zukunft ohne Handys und Computer hat, glaubt, dass sich die Probleme der Welt, die durch Technologien entstanden sind, durch ein Zurück in die Vergangenheit lösen lassen. Wir glauben das nicht. Ich habe schon auf die Möglichkeiten von Biotechnologie bei diesem Vorhaben hingewiesen. So ist künstliche Photosynthese, mit deren Hilfe sich aus Sonnenlicht und CO_2 in der Luft organisches Material herstellen ließe, ein alter Menschheitstraum, dessen Verwirklichung jetzt realistischer wird.

Der Fortschritt löst gerade auch Probleme, die das Potenzial haben, eine Gesellschaft zu zermürben – das Problem der Einsamkeit etwa, das sich mit dem Wegfall der alten sozialen und familiären Strukturen vor allem in den Städten verbreitet. Dank der sozialen Medien ist es einfacher geworden, sozial zu interagieren. Die Hürden sind niedriger geworden. Jeder, der das will, kann irgendeine Art von Anschluss finden.

Das betrifft nicht nur Menschen, die mangels sozialer Kontakte bisher der Einsamkeit ausgeliefert waren. Es betrifft jeden von uns in seinem täglichen Leben. Musstet ihr früher während Dienstreisen im Ausland private Gespräche mit euren Lieben wegen der hohen Telefongebühren kurzhalten, bleibt ihr heute mit ihnen verbunden, wo immer ihr seid und wann immer ihr wollt. Mit der virtuellen Realität werden sich diese Möglichkeiten weiter verbessern.

Als ich einmal drei Monate lang in den USA war, um für ein Start-up, ein Online-Anbieter von Matratzen, die E-Commerce-Seite zu betreuen, hätte ich ohne kostenlose Videotelefonie wahrscheinlich kaum Kontakt zu meiner Familie gehabt. So konnte ich trotz Zeitverschiebung jeden Morgen daheim anrufen und schauen, wie es allen geht.

Ganz abgesehen vom Wegfall der meisten Probleme mit der Partnersuche. Über Online-Börsen kann jeder die Partner finden, die er sich wünscht, für die Art von Gemeinsamkeit, die er sich vorstellt. Der Krebs-Spezialist Heinz Ludwig schreibt in seinem Buch »Richtig leben, länger leben« darüber, dass dies sogar aus evolutionärer Sicht positiv ist. Denn die Genstreuung findet dadurch breiter statt und die biologische Kohärenz zwischen Partnern lässt sich eher herstellen, als bei der Partnersuche im Freundeskreis, am Arbeitsplatz und vielleicht noch in dem einen oder anderen Verein.

Der Fortschritt löst auch Probleme, die das Leben ohne Erwerbstätigkeit bringt. Die bisher mit Arbeitslosigkeit verbundene Ausgrenzung mangels Kollegen und beruflicher Interaktion fällt weg. Denn der Fortschritt demokratisiert die Kreativität. Jeder kann jetzt Filme drehen oder Musik produzieren und sich dabei mit anderen austauschen. Jeder kann für die Dinge, mit denen er sich am liebsten beschäftigt, eine Online-Community finden.

Das Internet macht die Welt friedlicher. Der technische Fortschritt hat auch über die Effekte der Beschleunigung hinaus das Potential, diesen Planeten friedlicher zu machen. Denn während ihr tendenziell glaubt, dass das Internet die Menschen versaut, beobachte ich, dass es sie toleranter, empathischer und friedlicher macht.

Ihr habt schon recht. Das Internet lässt sich auch als Sündenpfuhl der Menschheit betrachten. Pornografie, Hass, rechtsextreme Auswüchse, und, das Darknet miteinbezogen, Drogen-, Waffen- und Menschenhandel. Dieses Sittenbild ist schauerlich, doch das Internet ist nicht die Ursache dafür. Es versaut die Menschen nicht erst. In Wirklichkeit waren sie schon immer versaut und jetzt haben wir zum ersten Mal einen ziemlich kompletten Überblick, wie sehr.

Dass das Internet die Abgründe der Menschheit bis auf ihren Grund ausleuchtet, hat einen großen

Vorteil, der euch eigentlich auch vertraut sein müsste: Selbsterkenntnis ist der erste Schritt zur Besserung. Das gilt nicht nur für Individuen, sondern auch für Gesellschaften.

Wir machen also dank des Internets und der sozialen Medien gerade einen Läuterungsprozess durch. Denn dass das Internet die dunklen Seiten einer Gesellschaft zum Vorschein bringt, zwingt sie, daran zu arbeiten. Technologie hilft uns somit, bessere Menschen zu werden. Das ist für mich eine der größten Segnungen, die der Fortschritt bringt.

Wir werden als Menschheit nie mehr die Augen vor unseren Abgründen verschließen und nichts mehr irgendwohin verräumen können, wo es dann gären und irgendwann als pervertierte Energie ausbrechen kann. Wir werden, wie wir es jetzt schon mit dem im Internet sichtbar gewordenen massenhaften Kindesmissbrauch machen, auch andere dunkle Seiten offener diskutieren. Das ist der beste und in Wirklichkeit wahrscheinlich der einzige Weg, den eine Gesellschaft beschreiten kann, um ihre dunklen Seiten in den Griff zu kriegen und sich von ihnen zu befreien.

Unsere wahren Probleme seht ihr nicht. Die negative Haltung, die ihr gegenüber dem Fortschritt habt, bewirkt auch, dass ihr die wahren Herausforderungen, die er bringt, nicht erkennt und uns mit ihnen allein lasst. Die größte Herausforderung, der wir uns jetzt und in den nächsten Jahren stellen müssen, lässt sich am besten mit einem englischen Satz formulieren: »How can we stay real in a fake world?«

Die britische *BBC* experimentiert, während ich dieses Buch schreibe, mit einer Comedy-Talkshow, in der eine animierte Version des russischen Präsidenten Wladimir Putin pro Folge zwei Gäste interviewt. Der animierte 3-D-Putin soll sich in »Tonight with Vladimir Putin« (»Heute Abend mit Wladimir Putin«) im Studio bewegen, am Tisch sitzen und wirkliche menschliche Gäste vor einem Publikum in Echtzeit befragen können.

Die Idee ist einer neuen technischen Möglichkeit entsprungen. Durch »deep fakes«, also durch Imitationen von Menschen, die sich mithilfe mächtiger neuronaler Netze generieren lassen, und deren Sprache, Gesichtsmotorik und Gestik online bald nicht mehr vom Original unterscheidbar sein werden, kann dann zum Beispiel auch Barack Obama Texte von Donald Trump von sich geben. Wer mit der Weltpolitik nicht vertraut ist, wird den Betrug vielleicht gar nicht bemerken, oder erst, wenn der Betrüger sein Ziel schon erreicht hat.

Ihr habt noch gelernt, Informationen, die ihr im Wesentlichen von staatlichen Institutionen, Printmedien, Fernsehen, Radio oder Unternehmen bekommt, zu vertrauen. Wenn ihr herausfindet, dass

etwas an solchen Informationen falsch ist, seid ihr
entrüstet, wie der Fall des Reporters Claas Relotius
gezeigt hat, der Passagen seiner Reportagen für das
Nachrichtenmagazin *Spiegel* frei erfand.

Wir hingegen wissen schon jetzt, dass jeder Text,
jedes Bild und jedes Video fake sein kann. Wir sind
damit aufgewachsen, dass von ein und demselben
Bild mehrere Versionen kursieren können. Wir lernen in einem Alter, in dem ihr noch an den Weih-
nachtsmann geglaubt habt, dass praktisch jeder,
seien es Politiker, Journalisten, private Verschwö-
rungstheoretiker oder Trollfabriken gezielt falsche
Informationen in Umlauf bringen kann, um uns zu
manipulieren.

Anonyme Kommunikation hat es schon immer
gegeben, etwa in Form von Flugblättern. Das Internet hat gerade durch sie viel Gutes gebracht. Der
Arabische Frühling etwa, der vor seiner Pervertie-
rung durch autoritäre Kräfte ein gesellschaftliches
Aufbruchsignal war, ist dadurch möglich geworden.
Doch die Möglichkeit zur anonymen Verbreitung
jeder Art von wahrer und falscher Information hat
uns als Menschen verändert. Zum Beispiel hat sie
unsere Art zu vertrauen verändert.

Auch wir sind mit der Befähigung zum spontanen, naiven Vertrauen zur Welt gekommen, doch
wir haben früh gelernt, Informationen grundsätzlich zu misstrauen. Immer wenn wir im Internet et-

was lesen, sehen oder hören, wissen wir, dass es sich um einen Fake handeln kann. Wir wissen, dass jede schöne junge Frau der Avatar eines hässlichen alten Mannes sein kann, und umgekehrt.

Das bewirkt mindestens ebenso sehr wie die unbegrenzte Offenbarung aller sexuellen Perversionen und Formen von Gewalt im Internet unsere frühere Reifung, ein Prozess, der auch noch nicht abgeschlossen ist.

So wie ihr seht, dass eure Kinder ganz woanders sind, als ihr es in ihrem Alter wart, sehe ich, dass mein kleiner Bruder ganz wo anders ist, als ich es vor 14 Jahren war.

Mein kleiner Bruder schreibt mir hin und wieder: »He, hast du dieses oder jenes schon gelesen?«, und schickt mir einen Link. Manchmal rate ich ihm, sich besser zu erkundigen und nicht jeden Blödsinn zu glauben. In zwei Jahren, wenn er 13 ist, wird das für ihn längst selbstverständlich sein.

Die Vertrauensverwirrung, die ihr im Fall Relotius durchlaufen habt und die heftig an eurer Einstellung zu euren Informations-Leuchttürmen gerüttelt hat, durchlaufen wir schon vor der Pubertät. Wir lernen dabei, wachsam zu sein und nur auf kritische Weise zu vertrauen, und wir werden immer besser darin. In Zukunft werden wir nicht einmal mehr unseren eigenen Assistenzsystemen unkritisch vertrauen. Die Welt wird dabei realer, aber auch diffuser.

Das wirkt sich nicht nur auf unser privates und berufliches Leben aus, wie die auf Lügen aufgebaute und dennoch erfolgreiche Brexit-Kampagne belegt. Es hat vielmehr die Kraft, die gesamte westliche Welt von innen zu zerfressen, denn es nährt wie kaum ein anderes Phänomen die Populisten. Sie vor allem arbeiten damit, dass es breiten Bevölkerungsschichten eher um Emotionen als um Argumente geht und sie wissen, dass die am weitesten verbreitete Emotion die Angst ist, die sie schüren und mit falschen politischen Konzepten bedienen können.

In einer diffusen Welt fällt es Populisten mit dem ihnen eigenen geringen Respekt vor der Wahrheit leichter, Ressentiments gegen Minderheiten oder Migranten zu erzeugen, Diskriminierung und Extremismus zu verstärken und Völker und Volksgruppen gegeneinander aufzubringen. In der Folge können sie dann zum Beispiel ihre Ideen vom Überwachungsstaat durchsetzen, mit denen sie in Wirklichkeit neoliberale Machtinteressen bedienen.

Ich hoffe allerdings, dass das Internet dieses Problem gerade von selbst löst. Denn ich beobachte ein wachsendes Bedürfnis meiner Generation nach Authentizität. Besonders ganz junge User sehnen sich danach, und sie haben die Wahl. Da es in allen Bereichen nicht nur ein Angebot, sondern hunderte gibt, können sie sich für das am ehesten echte entscheiden.

Ich glaube, dass Authentizität zu einer Währung wird. Es entsteht eine neue digitale Echtheit, und ich glaube, dass sie wie der neue digitale Altruismus und die neue digitale Solidarität aus dem Internet hinaus in die reale Welt treten wird. Menschen werden hinaus auf die Straße gehen, Plakate von Firmen oder Politikern sehen und auch darauf ihre online geschulten Instinkte anwenden, um zu erkennen, was fake und was echt ist.

Ich beobachte auch, dass es schwieriger wird, falsche Fassaden aufzubauen. Auf Dauer durchzuhalten ist schon jetzt nur den Authentischen möglich, zum Beispiel Influencern, die sich 24 Stunden am Tag und sieben Tage die Woche von ihren eigenen Kameras verfolgen lassen, und die auch noch den Kameras ihrer Fans ausgeliefert sind, wenn sie einmal spazieren oder essen gehen. Ein Roh-vegan-Blogger, der heimlich Chicken McNuggets isst, wird auffliegen, wie jüngst mehrere derartige Fälle bewiesen haben.

DATEN

Einer der größten Unterschiede zwischen eurer und unserer Welt besteht darin, dass ihr euch in eurer immer verstecken konntet. Ihr konntet euer Leben lang Dinge vertuschen, Geheimnisse kultivieren und Probleme unter der Oberfläche gären lassen. Wir können das schon jetzt nicht mehr richtig und die Möglichkeiten schwinden weiter. In unserer Welt gibt es kein Verstecken mehr.

Wir lernen, damit zu leben, dass unser Einkaufs- und Freizeitverhalten, unsere beruflichen Aktivitäten, unsere Kontakte und Beziehungen und sogar unser körperlicher Zustand und unsere Einstellungen zu politischen, religiösen oder ökologischen Fragen aufgrund unserer digitalen Spuren nachvollziehbar sind.

Wenn wir schlimme Dinge tun, stellt sich nicht mehr die Frage, ob sie ans Licht kommen, sondern wann sie ans Licht kommen.

Während *Facebook*-Chef Mark Zuckerberg noch 2010 sagte, Privatsphäre sei keine soziale Norm mehr, erklärte er jüngst, sie sei eine neue Priorität des Unternehmens. Das kauft ihm erstens nicht einmal ihr ab, und zweitens kann er davon ausgehen, dass ihn höchstens eine Minderheit beim Wort nehmen wird. Denn Zuckerberg weiß, dass Datenschutz zum Großteil ein biologisches Problem ist.

Solche Aussagen sind vor allem Zugeständnisse an euch Alte, die er als Zielgruppe für *Facebook* erkannt hat, und von denen er weiß, dass sie zunächst ihre Kampfkraft für ihre Anliegen verlieren und dann aussterben werden. Ein echtes Problem seid ihr dabei für ihn schon jetzt nicht. Denn ihr zieht euch digital aus wie wir alle. Den Datenschutz fordert ihr erst hinterher.

Während ihr mit dem Datenschutz wie mit allen Segnungen und Herausforderungen der digitalen Revolution scheinheilig, unausgegoren, emotional und inkonsequent umgeht, sehen wir das pragmatisch. Wir fragen uns nicht, warum bei *Facebook* 20.000 Menschen arbeiten, wo doch fünfzig reichen würden, um die Technik zu warten. Wir wissen, dass die anderen 19.950 unsere Daten analysieren und verkaufen.

Uns ist klar, dass wir uns als globale Gemeinschaft der Internetuser nun einmal dafür entschieden haben, für Online-Services nicht mit Geld, sondern mit Daten zu bezahlen, und dass es zu spät ist, um daran noch etwas zu ändern. Wir können nicht bei *Facebook* sein, ohne dem Unternehmen unsere Daten zu überlassen. Wir können ein bisschen an den Sicherheitseinstellungen drehen, oder besser gesagt: *Facebook* lässt uns glauben, dass wir es können. Das ist alles.

Außerdem entscheiden wir uns ständig aufs Neue dafür, mit Daten statt mit Geld zu bezahlen. Ich wette, dass auch denen unter euch, die jede Datenschutzkampagne liken, ihr eigener Datenschutz im Ernstfall nicht einmal ein paar Euro wert ist. Wenn mitten in der Lektüre eines interessanten Artikels der Hinweis auftaucht, dass guter Journalismus nicht umsonst ist, und als nächstes die Cookie-Freigabe oder der Pay-Button zur Auswahl stehen, worauf klickt ihr dann, ohne lang zu überlegen? Eben.

Wir wissen, dass wir sichtbar sind. Während ihr dann trotzdem über den Kontrollverlust, der damit einhergeht, jammert, fragen wir uns im Stillen: Was genau ist eigentlich so schlecht an einer Welt, in der jeder alles über jeden weiß oder zumindest wissen könnte? Wenn zum Beispiel in einer Familie alle alles über alle wissen würden oder wissen könnten, was genau würde sich in dieser Familie ändern?

Zugegeben, es klingt im ersten Moment krass. Aber ändern würde sich vor allem der Lebensstil. Wir würden uns viel öfter fragen, ob wir zu unseren Handlungen auch wirklich stehen können und ob sie ethischen Grundsätzen entsprechen, unseren eigenen und denen der Familie, und wir würden zwangsläufig mehr Toleranz für die anderen Familienmitglieder entwickeln. Schlecht wäre das nicht.

Die zunehmende Transparenz jedes Einzelnen wird auch Menschen innerhalb der globalen User-Gemeinschaft zu besseren machen. Denn Gelegenheit macht nicht nur Diebe, sondern auch Arschlöcher, oder, anders ausgedrückt: Auf offener Bühne verhalten sich sogar die miesesten Charaktere freundlich, zuvorkommend und hilfsbereit.

Früher waren Arschlöcher besser geschützt. Sie konnten frauenfeindlich, homophob oder sonstwas sein, und sich dabei mit ihresgleichen umgeben. Doch wer heute frauenfeindlich, homophob oder sonstwas ist, wird es irgendwann auch in den sozialen Medien sein, und dann weiß es nicht nur seine Stammtischrunde, sondern die ganze Welt.

Wir sind gerne sichtbar. Die Verfügbarkeit persönlicher Daten kann sich gerade in einer Welt mit sich ändernden sozialen Strukturen auch darüber hinaus gut anfühlen. Denn von anderen erkannt und gekannt zu werden, bedeutet auch, dazuzugehören und am Leben zu sein. Anonymität bedeutet am Ende Einsamkeit und Selbstauflösung. Ich glaube, dass es deshalb so etwas wie eine unbewusste Freundschaft zwischen vielen jungen Menschen und Big Brother gibt, die Datenschützer nicht erkennen.

Tatsächlich kann in der Transparenz jedes Einzelnen auch so etwas wie Schutz liegen. Würde mich zum Beispiel die Rettung nach einem Unfall bewusstlos in ein Krankenhaus bringen, wäre ich froh, wenn die Ärzte dort schon alles über meine körperliche Ausgangssituation wüssten, auch, ob ich Medikamente nehme, und wenn ja, welche. Es könnte mein Leben verlängern. Big Brother wäre spätestens von da an auch mein Freund.

Big Brother bemüht sich inzwischen sogar als wahrscheinlich mächtigster Sozialdemokrat aller Zeiten auf politischer Ebene um unsere soziale Sicherheit. Aus einem einfachen Grund. Wenn Menschen kein Geld mehr haben, sind auch ihre Daten wertlos, weil dann selbst die raffiniertesten Methoden, sie zum Kauf von etwas zu bewegen, nicht mehr funktionieren. Wohl deshalb haben sich *Amazon*-Chef Jeff Bezos und *Facebook*-Chef Mark Zuckerberg wiederholt für ein bedingungsloses Grundeinkommen ausgesprochen.

Wir sehen die Probleme. Global betrachtet wirft die Verfügbarkeit unserer Daten für andere klarerweise neue Fragen, etwa nach Wissensmonopolen und Datenverwertung, auf, die philosophisch und politisch zu beantworten sind. Ich will hier beispielhaft nur eine nennen, die meiner Meinung nach zu wenig bedacht wird und die mit der teilweise schon Gesetz gewordenen politischen Idee zu tun hat, potenzielle Gefährder präventiv einzusperren.

Diese Grundhaltung kann dazu führen, dass Menschen, aus deren digitalen Spuren Maschinen ein Gefährdungspotenzial errechnen, hinter Gitter müssen. Dann klopfen eines Tages bei einem unschuldigen Mann oder einer unschuldigen Frau Polizisten an die Tür, zeigen ihm oder ihr auf einem Bildschirm eine Kurve und sagen: »Ihr Gefährdungsindex hat die rote Zone erreicht. Sie sind verhaftet.«

In die Berechnung dieses Index fließt dann vielleicht ein, ob ein Mann oder eine Frau Ansichten hat, die bestimmten Mainstreams widersprechen, ob er oder sie an Anti-Regierungs-Demonstrationen teilnimmt oder auf andere Weise, zum Beispiel als Blogger und Aufdecker die Regierung infrage stellt.

Statt Probleme wie diese der Reihe nach zu benennen, zu analysieren und damit abzuarbeiten, ergeht ihr euch in Sachen Daten und deren Missbrauch in quälenden Szenarien. Sie laufen auf die Ablöse des Modells »selbstbestimmter Mensch« durch das Modell »hilfloser User« hinaus.

Dazu inspiriert euch vor allem das Beispiel China. Das Sozialkreditsystem, mit dem die chinesische Regierung in Zukunft das Verhalten aller Chinesen in Bereichen wie Strafregister, Parteitreue, Zahlungsmoral, Einkaufsgewohnheiten und soziale Interaktion nach einem Punktesystem bewerten will, ist dann euer Worst-Case-Szenario.

Die Chinesen sind in dem Punkt wirklich krass. Zum Beispiel testen sie auf Flughäfen eine Software, die anhand des Gesichtes eines Menschen erkennen kann, wer er ist, wie alt er ist, woher er kommt, wohin er fliegt und wie viel er für sein Ticket bezahlt hat. Diese Software lässt sich auch so einsetzen, dass die Behörden jeden, der im Blickfeld der landesweit 200 Millionen Überwachungskameras auftaucht, nur noch anklicken müssen, um alles über ihn zu erfahren.

Die Problematik ist klar. So wies eine amerikanische Bürgerrechtsbewegung in einem Bericht der *New York Times* bereits darauf hin, dass die chinesische Regierung mit dieser Software Angehörige der muslimischen Minderheit der Uiguren landesweit überwachen könnte. Sie braucht zu diesem Zweck die Kameras nur so zu programmieren, dass die Gesichtserkennung Uiguren aufgrund ihres Aussehens herausfiltern kann.

Welche Kontrollen denkbar werden, wenn die Chinesen es schaffen, 200 Millionen Kameras und die Software für Gesichtserkennung mit den Möglichkeiten des Gedankenlesens durch Hirnstrommessungen oder des Auslesens etwa von Erbkrankheiten aus dem Gesicht zu kombinieren, wollt nicht einmal ihr bis zum Ende durchdenken.

Doch dass so ein System auch einmal in der westlichen Welt kommt, ist derzeit so wahrscheinlich, wie dass der Jangtse einmal in die Donau mündet. Denn es gibt einen wesentlichen Unterschied zwischen uns und China: Die Rolle des Individuums ist im konfuzianisch geprägten Reich der Mitte seit 2.500 Jahren eine andere als in Europa. Wir haben das Individuum schon immer über den Staat gestellt, in China war das schon immer umgekehrt. Den Chinesen sind Eingriffe in ihre Privatsphäre deshalb traditionell vergleichsweise egal.

Den Gedanken, »Wenn ich mir nichts zu Schulden kommen lasse, habe ich auch nichts zu befürchten«, höre ich zwar auch in Europa und den USA immer öfter, aber in China hat er noch einmal eine andere Dimension. Ich bin ein ordentliches Mitglied des Staates, denken viele Chinesen, aber vielleicht ist jemand anderer kein ordentliches Mitglied, deshalb ist es gut, wenn der Staat ihn kontrolliert. Das macht Überwachung im großen Stil politisch erst möglich.

Ich glaube allerdings, dass nicht einmal China am Ende derart hemmungslose Überwachungsfantasien ausleben können wird. Denn mit der Globalisierung des politischen Bewusstseins dank des Internets und der internationalen Vereinheitlichung des Lebensstils und der Lebensqualität wird der Unmut der chinesischen Bevölkerung gegen staatliche Eingriffe in die Privatsphäre auch wachsen. Zumindest der Unmut der jungen Generationen.

Der technische Fortschritt gibt Diktatoren einerseits bessere Möglichkeiten zur Überwachung und Unterdrückung, doch am Ende werden sich die sich ebenfalls weiterentwickelnden Möglichkeiten der Bevölkerungen, Diktaturen abzuschaffen, durchsetzen. Die Blockchain-Technologie etwa, ein dezentrales System zur Datenspeicherung, das sich dem staatlichen Zugriff entzieht und auf dem Kryptowährungen wie *Bitcoin* aufbauen, weist bereits in diese Richtung. Es nimmt dem Staat Macht. Menschen können damit auf vielen Ebenen kommunizieren, ohne dass der Staat involviert ist. Und da wird noch viel mehr kommen.

Wir leben mit der Konsummaschinerie. Womit wir uns hier in Europa und in den USA wirklich auseinandersetzen müssen, ist die Konsum- beziehungsweise Genuss- und Komfortmaschinerie, die Konzerne wie *Amazon, Google, Apple* oder *Facebook* auf Basis unserer Daten um uns errichten und mit der sie uns als Konsumenten zu ihrem eigenen Vorteil manipulieren.

Ich will nicht darüber urteilen, ob diese Konsummaschinerie grundsätzlich gut oder schlecht ist. Ich überlasse mich ihr ja selbst zum Teil. Ich arbeite viel und wenn es sich vermeiden lässt, will ich mich nicht damit beschäftigen, was ich meiner Oma zu Weihnachten schenken könnte. Gäbe es eine künstliche Intelligenz, die das für mich erledigt, wäre ich dankbar. Selbst wenn dahinter Unternehmen stünden, die dabei an mir verdienen.

Ich wehre mich deshalb auch nicht richtig dagegen. Ich verwende zwar Dienste, die Werbung und Kaufanreize weitgehend von mir fernhalten, aber ich habe kein großes Problem damit, wenn mir irgendein Algorithmus ein Produkt vorschlägt. Wenn es etwas ist, das zu mir passt, und wenn es dann auch noch verbilligt ist – warum eigentlich nicht?

Unternehmen haben schon immer Konsumenten manipuliert. Es hat noch nie der unabhängigste Laden oder der mit dem besten Preis-Leistungs-Verhältnis das beste Geschäft gemacht, sondern immer der in der besten Lage, mit der besten Werbung, mit dem besten Marketing, mit dem besten Vertrieb und mit der besten Zielgruppenanalyse.

Klar ist die aktuelle Entwicklung, die auf eine Gesellschaft des perfekten Konsums hinausläuft, fragwürdig. Doch eure Ideen dazu sind die falschen. Als erstes denkt ihr an Gesetze, doch das Internet scheint sich Regulierungsversuchen bisher zu entziehen.

Das frustriert euch. Eure zweite Idee ist der persönliche Boykott besonders »böser« Dienste. Doch dabei machen dann nie genug von euch mit, und auch ihr selbst gebt meist nach wenigen Stunden wieder auf. Boykott ist einfach zu unbequem. Das frustriert euch auch.

So bleibt ihr bei einer Position, in der ihr online mitkonsumiert, soweit ihr dazu technisch in der Lage seid, und dabei das Ganze im Grunde scheiße findet. Das ist keine gute Voraussetzung für Zufriedenheit und auch keine, um das Phänomen Konsummaschinerie in den Griff zu kriegen.

Ich verwende wie viele meiner Generation praktisch alle relevanten digitalen Dienste wie *Facebook* und seine Derivate, oder etwa *LinkedIn*. Dabei bin ich mir bewusst, was mit meinen Daten geschieht.

Ich frage mich deshalb immer, was für mich eine öffentliche und was eine private Information ist. Ich denke immer zwei oder drei Mal nach, ehe ich etwas poste, und ich benutze bewusst alle angebotenen Freigabe-Einschränkungen, auch wenn ihre Effekte fragwürdig sind.

Bei uns, der jungen Generation, gibt es viele, die sich der Konsummaschinerie unreflektiert überlassen. Die sich gar nicht damit befassen, was passiert. Das bedeutet nicht, dass sie dumm sind, denn was passiert, können auch Dumme verstehen. Sie sind nur faul, was kein Phänomen unserer Generation ist. Es gab schon immer Menschen, die gedankenlos mit dem Strom geschwommen sind, weil es so schön bequem ist.

Es gibt auch unter uns welche, die auf persönlichen Boykott setzen. Sie haben dabei bessere Chancen als ihr, denn um den Überwachungstechniken zu entgehen, ist deren Kenntnis nötig. Doch auch diese Datenverweigerer beweisen vor allem eines: Boykott geht nicht wirklich. Denn er verlangt, sich in einer Weise abzuschotten, die keiner will.

Ich habe ein oder zwei Freunde, die es versuchen. Sie haben ein schweres Leben. Sie müssen zum Beispiel Alternativen zu *Google Maps* finden. Einer dieser Freunde hat in München, London und Singapur studiert. Er hatte immer eine Affinität zu Technologie, war aber immer auch gegen den Mainstream. Irgendwann entschied er, dass niemand etwas über ihn im Internet finden sollte, und machte eine Art Sport daraus.

Seither kommuniziert er nur über spezielle sichere Dienste. Er hat einige seiner Freunde überzeugt, es wie er zu machen, und mit jenen, die das zu mühsam finden, den Kontakt weitgehend beendet.

Er hat klare Ideen, was Quasi-Monopole wie die von *Google*, *Facebook* oder *Amazon* betrifft. Er hält sie für gefährlich. Er glaubt, dass so viel Macht in den Händen Einzelner der Welt schadet. Als ich ihn zuletzt sah, war ich trotzdem nicht sicher, ob er noch lange durchhalten wird. »Es ist manchmal schon mühsam und zeitaufwendig«, sagte sogar er.

Alle drei Varianten für den Umgang mit der Daten sammelnden Konsummaschinerie, der bewusste Umgang, der unreflektierte Umgang und der kritische Umgang, finden sich sowohl in eurer als auch in unserer Generation. Dennoch gibt es auch hier einen wesentlichen Unterschied zwischen euch und uns. Während ihr das Problem am ehesten politisch seht, sehen wir es am ehesten ökonomisch.

Die Frage lautet: Wie können wir die bequeme Konsumwelt erhalten, ohne dass jemand unsere Daten gegen unseren Willen und ohne unser Wissen verwendet? Wenn viele Kunden Datenschutz verlangen, denkt ihr, dann muss doch die Politik reagieren.

Wenn viele Kunden Datenschutz verlangen, denken wir, dann muss doch der Markt reagieren. Weil dann Datenschutz ein Wettbewerbsvorteil ist.

Die sinnvollste Antwort auf die dunkle Seite der Genuss- und Komfortmaschinerie wäre für uns also am ehesten das Erstellen neuer Plattformen, die die Kontrolle über unsere Daten zu unseren Gunsten neu verteilen, und die gut genug sind, um *Facebook*, *Instagram* oder *Snapchat* ablösen zu können. Es ist wohl nicht einmal eine Frage der Zeit, sondern eine des Leidensdruckes, bis solche Plattformen kommen. Wenn sie da sind, werden sich *Facebook*, *Instagram* und *Snapchat* beeilen, es ihnen gleichzutun.

Das wichtigste Gesetz, das wir im Internet brauchen, ist deshalb das der Freiheit. Niemand darf uns vorschreiben, welche Dienste wir benützen dürfen und welche nicht. Freiheit bedeutet in diesem Zusammenhang zum Beispiel auch Netzneutralität, also die Gleichbehandlung von Daten bei der Übertragung im Internet und den diskriminierungsfreien Zugang aller Firmen bei der Nutzung von Datennetzen. Die *Telekom*-Konzerne müssen die Videos von digitalen Multis genauso schnell übertragen wie die von kleinen Garagenfirmen, damit alle die gleichen Chancen haben.

Wir wollen wissen, was sie wissen. Zudem geht es darum, Datenmissbrauch von Emotionen, Mythen und Verschwörungstheorien zu befreien. Denn er ist eigentlich kein Phänomen der digitalen Revolution. Es gab schon immer Staaten und Unternehmen, die massenhaft Daten über ihre Bürger beziehungsweise Kunden gesammelt und fragwürdig benützt haben. Wieso sollte das in unserer digitalen Welt anders sein? Und wieso sollten sich Staaten und Firmen dabei nicht wie in allen anderen Bereichen auch moderner technischer Möglichkeiten bedienen – in einer Welt, in der Daten wertvoller sind denn je?

Die eigentlich recht simple politische Lösung für dieses Problem heißt Transparenz. Wir sollten wissen, was andere über uns wissen. Es wäre ganz einfach. Ein *Netflix-*, *Amazon-* oder *Google*-User könnte einen personalisierten Zugang zu den Daten haben, die das jeweilige Unternehmen über ihn gesammelt hat. Er muss seine Identität nachweisen und kann dann die Daten abrufen.

Vielleicht fangen Unternehmen irgendwann von selbst an, diese Transparenz, die ihnen im Grunde nicht schadet, als Marktvorteil anzubieten. Auf *Facebook* lässt sich schon abrufen, was *Facebook* über uns weiß, aber es ist kompliziert und das Ergebnis ist unübersichtlich. Das alles ist noch versteckt und vage, aber es ist immerhin ein Anfang.

Vielleicht gibt es bald eine App, die das Wissen der Konzerne über uns einholt, es zusammenfasst und leicht lesbar aufbereitet: Was weiß das Internet über mein Ernährungsverhalten, über meine Gesundheit, über meine Beziehungen, über meine politischen Einstellungen? Ich würde mir diese App auf jeden Fall holen, schon deshalb, weil ich dabei wahrscheinlich viel und auch einiges Überraschendes über mich selbst lernen könnte.

Interessant wäre in diesem Zusammenhang neben der Information, was welche Firma über mich weiß, auch die Information, was welche Firma mit ihrem Wissen über mich tut. Wem verkauft sie die Daten und zu welchem Zweck?

Das Internet ist noch zu jung, um sich bereits einem Regelwerk unterworfen zu haben, das die Würde, die Privatsphäre und alle anderen Rechte des Einzelnen hinlänglich schützt, ohne die digitale Freiheit einzuschränken. Es spricht aber nichts dagegen, in diesen Prozess einzutreten. Wären wir in euren Positionen, würden wir es tun. Wir würden es angstfrei, sachlich, schnell und positiv tun, und es würde nicht lange dauern, bis das Internet von einer Art Wildem Westen mit dem Recht des Stärkeren zu einem vollkommen freien und offenen, aber zivilisierten Lebensraum geworden wäre.

Europa, das im Wettbewerb der Kontinente in Sachen digitale Revolution gerade den Anschluss verliert, könnte sich mit höheren Standards im Datenschutz eine Sonderstellung verschaffen. Was auch historisch passen würde. Europa ist die Wiege der Demokratie, und Internet und Demokratie werden in Zukunft so viel miteinander zu tun haben wie bei den alten Griechen die Schrift und die Demokratie.

Die 2018 wirksam gewordene Datenschutzverordnung auf EU-Ebene ist ein wichtiger Schritt in diese Richtung. Sie vereinheitlicht die Regeln zur Verarbeitung personenbezogener Daten durch die meisten privaten und öffentlichen Datenverarbeitungsdienste. Die Idee dabei war es, einerseits den Schutz personenbezogener Daten innerhalb der EU sicherzustellen, und andererseits den freien Datenverkehr innerhalb des europäischen Binnenmarktes zu gewährleisten.

Die digitalen Vordenker im Silicon Valley beobachten solche Ideen Europas mit Neugier. Mark Zuckerberg, dessen Positionierungen in diesem Bereich zweifellos fragwürdig bleiben, hat die europäische Datenschutzverordnung immerhin einmal als mögliches Vorbild für einen globalen Rechtsrahmen bezeichnet. Europa könnte also beim Datenschutz etwas schaffen, was es beim Klimaschutz schon geschafft hat. Dort ist es schon Vorbild für Länder, egal wo, die zum Beispiel über Umweltgesetze wie über den in Europa erfundenen Emissionshandel nachdenken.

Europa steht mit seinen Ideen von einem verant-
wortungsbewussten Umgang mit Daten allerdings
nicht allein da. So hat San Francisco als erste Stadt
in den USA den Einsatz von Gesichtserkennungs-
technologien durch Behörden verboten. Die Gefahr,
die Bürgerrechte könnten verletzt werden, über-
wiege die vermeintlichen Vorteile bei weitem, entschied der Stadtrat. San Francisco steht dabei nicht
im Verdacht, technologisch rückschrittlich zu sein.
Es ist die dem Silicon Valley nächstgelegene amerikanische Großstadt.

ARBEIT

Ihr könnt nicht erkennen, dass wir am Fortschritt und an der Entwicklung unserer Welt arbeiten, oder ohne eure beharrliche Behinderung zumindest arbeiten würden, weil ihr eine ganz andere Vorstellung von Arbeit habt als wir.

Ihr denkt: Ein Unternehmen schafft Arbeitsplätze, damit sich Mitarbeiter ordentlich für das Unternehmen anstrengen. Geld gegen Leistung. Die Unternehmen profitieren davon durch den Unternehmenserfolg und die Mitarbeiter, weil sie so ihren Lebensunterhalt und gegebenenfalls den ihrer Kinder bestreiten und die Raten oder die Miete für ihr Haus oder ihre Wohnung, die Leasing- oder Kreditraten für ihr Auto sowie ihre Versicherungsbeiträge bezahlen können.

Bei der Auswahl eurer Arbeitsplätze geht es um die Höhe eures Gehaltes, das Renommee und die Stabilität des Unternehmens und eine möglichst lange Dauer des Beschäftigungsverhältnisses. Dafür seid ihr bereit, auf einiges zu verzichten. Zum Beispiel auf die Hoheit über eure Zeiteinteilung. In anderen Bereichen seid ihr bereit, Kompromisse einzugehen. Zum Beispiel zwischen den Erfordernissen des Arbeitsplatzes und euren wahren Leidenschaften.

Diesen Kompromiss schließt ihr aus Überzeugung und mit Selbstbewusstsein. Schließlich seid ihr erwachsen und wisst, dass das Leben kein Ponyhof ist. In eurem Denken geht es am Ende des Tages immer um Sachzwänge. Selbstverwirklichung ist etwas für Teenager und freakige Aussteiger, die im Grunde doch nur am System gescheitert sind.

Wir sind nicht käuflich. Wir denken anders. Wir lassen uns mit Geld nicht motivieren oder manipulieren. Sachzwänge, über die das funktionieren würde, spielen für uns schon altersbedingt keine Rolle, und wir sind auch nicht bereit, uns ihnen auszuliefern.

Wir leben lieber in einer billigeren Wohnung, als für eine teurere persönliche Freiheiten in welchem Bereich auch immer aufzugeben. Wir entwickeln unsere berufliche Tätigkeit rund um unsere Talente und um unsere Begeisterung. Außerdem geht es uns um Sinn im Leben und darum, bei etwas Wertvollem dabei zu sein, gemeinsam mit anderen, die ähnlich denken wie wir. Selbstverwirklichung ist dabei für uns keine Option oder wie bei euch im besten Fall eine betriebliche Zusatzleistung, sondern eine selbstverständliche Grundlage unserer Idee von Arbeit.

Dass damit eure Arbeitswelt für uns unattraktiv ist, interpretiert ihr auf eine Weise kurzsichtig, dass es eigentlich beschämend für euch ist. Die Jugend von heute ist nicht mehr leistungsbereit, denkt ihr. Das ist eure große Erkenntnis.

Die Gewerkschaften kapieren es auch nicht. Sie sind sowas von Old Economy, dass ich mich frage,

warum sie sich nicht längst in die Pensionistenver-
bände integriert haben und dort für billige Rollatoren
kämpfen. Ihr Denken dreht sich noch um die Frage,
wie viele Stunden ein Arbeitstag haben und von wann
bis wann er unter welchen Voraussetzungen dauern
darf. Für euch hört es sich vertraut an und ein paar
altlinken Nostalgikern unter euch beschert es wahrscheinlich richtig schöne Gefühle, aber was hat das
mit unserer Arbeitswelt zu tun?

Uns geht es darum, möglichst frei und möglichst flexibel arbeiten zu können, wann wir wollen
und wo wir wollen. Euer Nine-to-five-Rhythmus
ist nicht deshalb ein Auslaufmodell, weil die Welt
immer schlechter wird, sondern weil wir keine Verwendung mehr dafür haben.

Unsere Arbeitswelt entwickelt sich zu Kon-
glomeraten von selbständig und frei agierenden
Unternehmen und Individuen, die erfolgreich gemeinsam Dinge voranbringen. Genau das ist es,
was für uns Arbeit ausmacht. Es geht uns um die
Sache und um die Ziele, daraus ziehen wir unsere
Energie und nicht, wie ihr vielleicht glaubt, aus der
Work-Life-Balance. Sobald wir uns von euren ver-
staubten arbeitsrechtlichen Strukturen befreien
können, werden wir mehr Ziele erreichen, als ihr es
je getan habt.

Karriere ist auch so ein Wort im Bedeutungswan-
del. In eurem Denken hat es eine hohe Bedeutung.

Doch in unserem ist es hohl geworden. Es löst bei uns eher Unbehagen aus. Es klingt nach Hamsterrad. Wenn ich mit Jugendlichen über Karriere rede, habe ich das Gefühl, dass sie gar nicht mehr genau wissen, was das eigentlich ist. Die meisten von uns, und jedenfalls die talentierten und begeisterungsfähigen, sind Aussteiger, ohne je eingestiegen zu sein.

Ich verstehe es, dass euch unsere Vorstellung von Arbeit deprimiert. Ihr habt jahrzehntelang in euren Hamsterrädern gestrampelt und im Glauben, dass es so sein muss, auf vieles, das Menschen zu Menschen macht, verzichtet. Dann kommt eine junge Generation gar nicht erst auf die Idee, es so wie ihr zu machen. Sie hält euch einen Spiegel vor. Darin seht ihr, wie viel Schönes, Aufregendes und Inspirierendes ihr unwiderruflich verpasst habt.

Das muss schmerzen.

Ich verstehe es sogar, wenn ihr vor diesem Spiegel lieber die Augen verschließt und beharrlich euer Mantra wiederholt: »Die Jugend von heute ist nicht mehr leistungsbereit.«

Unsere Arbeitswelt folgt Regeln. Ich erlebe andererseits auch, dass ihr gerne in unseren Arbeitswelten vorbeischaut. Wenn ihr ein Start-up besucht oder euch in einem unserer Gemeinschaftsbüros umseht, nehmt ihr so etwas wie ein kreatives Chaos wahr, obwohl es auch bei uns klare Regeln, Ordnungen und Ansprüche gibt. Bloß sind sie eben andere als bei euch.

Wir gehen an alle beruflichen Dinge ganz anders heran als ihr. Ich habe es schon anhand unserer Strategie bei der Entwicklung neuer Projekte und Produkte beschrieben. Ihr sucht immer nach Stabilität. Es muss alles gut durchdacht sein, es darf nichts ruckeln im System. Wir setzen auf Flexibilität und das Ruckeln bedeutet für uns Dynamik.

Wir wollen so viele Dinge wie möglich ausprobieren, hierhin hüpfen, dorthin fahren, dieses aufziehen, jenes testen. Das Ziel ist immer ein Exit in einigen Jahren und dann der nächste Anfang. Dieses Aufbauen, Experimentieren, Kaputtgehenlassen ist Teil unseres beruflichen Lebenselixiers.

Bei uns herrscht dabei so etwas wie ökonomische Demokratie. Ich bin in meiner Firma zwar der Chef, aber ich lasse ihn nicht auf die Art heraushängen, wie das bei euch üblich ist. Bei uns hängt die Bedeutung eines Mitarbeiters nicht davon ab, was er tut, sondern wie er es tut, und der Chef zu sein ist nur eine Rolle von vielen.

Eure Idee vom Chefsein ist noch geprägt von einer Zeit, in der sich ein Bergwerk hundert Leute aus dem nächsten Dorf geholt hat, um sie unter Tag Kohle schaufeln zu lassen. Doch heute sind Mitarbeiter aufgeklärter und selbstbewusster. Zudem ist die Arbeit, die uns Menschen in Zukunft zu verrichten bleibt, kreativ. Der Umgang mit Kreativen erfordert ganz andere Strategien im Personalmanagement.

Wir leben das schon jetzt. Im Grunde ist Chef zu sein in unserer Welt eine Dienstleistung an allen anderen, die es ihnen ermöglicht, ihre Kreativität auszuleben. Klar trifft der Chef am Ende die Entscheidungen und gibt die Strategien vor, doch auch Entscheidungen zu treffen und Strategien vorzugeben ist nicht bedeutender als zum Beispiel zu programmieren oder digitales Marketing zu machen. Gefühlt ist es sogar weniger bedeutend.

Wir stellen deshalb als Chefs auch bewusst nach Möglichkeit Mitarbeiter ein, die besser sind als wir, die uns herausfordern. Die zu uns sagen: Das müssen wir so und so machen. Wir erwarten uns sozusagen, dass unsere Mitarbeiter ungehorsam sind. Dass sie widersprechen. Dass sie Dinge infrage stellen.

Das geht bei eurer von Hierarchien und borniertten Posen geprägten Arbeitsweise nicht. Bei euch werden aus Talentierten Querulanten und die Systemerhalter haben die Macht.

Ich war jüngst bei einem Kunden der Old Economy. Es war ein Treffen mit Managern verschiedener Hierarchieebenen des betreffenden Unternehmens. Ich konnte kaum nachvollziehen, wer dem Projekt, das wir vorgeschlagen haben, wann zustimmen musste, wer sich wessen Einverständnis holen musste, und wie am Ende ein Ja oder ein Nein zustande kommen würde.

Für uns ist das völlig unverständlich. Sinnlose Zeitverschwendung. Destruktive Entschleunigung. Wir leben lieber einen kreativen Ungehorsam gegenüber euren Systemen, und wenn euch das provoziert, tut es mir wirklich leid. Wir wollen euch nicht provozieren. Am liebsten würden wir mit eurer Arbeitswelt gar nichts zu tun haben, denn sie hält uns nur auf. Wir setzen uns nur noch freudlos und notgedrungen mit euch auseinander, weil ihr beharrlich und zum Schaden von allen an euren Positionen klebt.

Wir können auch ohne Job glücklich werden. Die Automatisierung wird massenhaft Jobs vernichten. Die Option, das Berufsleben als menschliche Automaten zu verbringen, die ihr noch hattet und die wir gar nicht mehr wollen, fällt damit endgültig weg. Die Automatisierung wird auch neue Jobs schaffen, aber das werden voraussichtlich bedeutend weniger sein. In eurem Denken schwebt deshalb auch über jeder Betrachtung der Arbeitswelt immer das Szenario von ihrem totalen Zusammenbruch. Ihr habt Angst davor, dass die Digitalisierung zum endgültigen Aussterben der Lohnarbeit, zumindest für den Großteil der Bevölkerung, führt und dass die Welt dann in einem Sumpf aus befristeten Mikrojobs,

Langzeitarbeitslosigkeit und Armut versinkt.

Wir wissen, dass Selbstverwirklichung auch ohne Erwerbsarbeit geht und fragen uns: Was ist eigentlich so schlecht daran, wenn Menschen nicht mehr arbeiten? Ist Arbeit wirklich der zentrale Lebenssinn des Menschen? Gibt es nicht einen anderen, höherrangigen Lebenssinn? Was könnte dieser Lebenssinn sein? Einer, der mehr mit Selbstverwirklichung, Kreativität und Gemeinschaft zu tun hat als mit Arbeit, zum Beispiel? Würde einer Gesellschaft, die dem Leben diesen höheren Sinn gibt, nicht die Epoche der Erwerbsarbeit, der bürgerlichen Leistungsgesellschaft und des kapitalistischen Effizienzdenkens wie dunkles Mittelalter erscheinen? Wird dieser Traum von einem Leben ohne Erwerbsarbeit vielleicht deshalb jetzt wahr, weil ihn die Menschheit so lange geträumt hat, und weil lange geträumte Träume die Tendenz haben, sich irgendwann zu erfüllen? Ist es wirklich richtig, diesen alten Menschheitstraum zu verwerfen, ausgerechnet wenn er schon kurz vor seiner Verwirklichung steht, und warum könnte es richtig sein? Weil es mit Veränderungen unserer Routinen einhergeht? Weil wir Angst vor Veränderungen haben? Fortschritt scheint Teil der Natur des Menschen zu sein, aber ist auch Erwerbsarbeit Teil der Natur des Menschen? Ist Erwerbsarbeit nicht ohnehin nur ein kapitalistisches Konzept, um Menschen abhängig zu machen und auszubeuten, und war es nicht so, dass im antiken Griechenland, der Wiege unserer Kultur, Arbeit vor allem die Sklaven verrichtet haben? Haben wir einfach deshalb Angst vor einer Phase ohne Arbeit, weil wir in Dingen wie Selbstverwirklichung einfach nicht geschult sind?

Falls ihr denkt, dass wir völlig irre sind: Selbst eure ökonomischen Vordenker, etwa John Maynard Keynes (5. Juni 1883 bis 2. April 1946), ein Brite, und sein Widersacher Joseph Alois Schumpeter (8. Februar 1883 bis 8. Januar 1950), sprachen von Zeiten, in denen ökonomische Themen ihre existenzielle Vordringlichkeit verlieren würden und der Mensch damit frei für die wesentlichen Dinge des Lebens würde.

POLITIK

Ich habe früher nicht gelebt und tue mir deshalb vielleicht manchmal schwer, eure Welt richtig zu verstehen. Trotzdem bin ich sicher, dass unsere Welt aufregender, herausfordernder, chancenreicher und interessanter ist, als es eure je war. Zum Beispiel ist eure Welt noch geprägt von Stempeln und Vorurteilen.

Es gibt Stempel für Arm und Reich, Gebildet und Ungebildet, Inländer und Ausländer und jeweils die entsprechenden Vorurteile dazu. Unsere Welt kommt ohne Stempel und Vorurteile aus. Im Internet gibt es keine Unterscheidung zwischen sozialen Schichten und keine Kastensysteme. Es ist damit ein perfekter Raum für Demokratie.

Ihr habt eine bestimmte Sichtweise der Demokratie, die wie vieles andere in eurem Leben von bestimmten Glaubenssätzen geprägt ist. Demokratie sieht demnach Parteien vor, die für bestimmte Grundsätze stehen, und bei Wahlen übergibt jeder Bürger, der sein Wahlrecht wahrnimmt, sein Recht, zu entscheiden, für einen bestimmten Zeitraum an eine bestimmte Partei.

Dementsprechend geht es in eurer Demokratie dann nie um die Sachthemen, die ihr gerne trotzdem beschwört, sondern vor allem darum, welche Partei die Macht bekommt und welche Person welchen Posten.

Unsere Demokratie entsteht im Internet. Es ist verständlich, dass ihr verstört reagiert, wenn jemand eure Vorstellung von Demokratie antastet. In Europa haben furchtbare Kriege gewütet und dann kam die Demokratie als Heilmittel. Sie hat Ausgleich und Wohlstand gebracht. Deshalb befürchtet ihr, die Welt könnte in alte Muster zurückfallen, wenn sie nicht genauso bleibt, wie sie ist. Ihr fürchtet eine Wiederkehr feudaler Strukturen und eine Auferstehung der Diktatoren. Donald Trump. Wladimir Putin. Recep Tayyip Erdoğan. Victor Orbán. Entweder die Demokratie bleibt, wie sie ist, denkt ihr, oder sie kommen.

Weshalb ihr uns bei Wahlen anbietet, uns für die eine oder andere verstaubte Ecke eures politischen Systems zu entscheiden, niemals aber, es abzuwählen und ein neues zu schaffen. Hätten wir die zweite Möglichkeit, würden wir sie nutzen, denn wir haben trotz allem eine andere Vorstellung von Demokratie. Unsere Demokratie ist global ausgerichtet, basiert auf dem Internet und lässt sich über Online-Umfragen umsetzen.

Vielleicht habt ihr selbst schon einen ersten Eindruck von unserer Art von Demokratie gewonnen. Bestimmt sind euch die Gemeinsamkeiten zwischen den Klimademos rund um Greta Thunberg, den Gelbwesten-Protesten in Frankreich und dem amerikanischen »Marsch für unser Leben«, einem landesweiten Schülerprotest gegen die US-Waffen-kultur, aufgefallen. Sie alle waren überparteilich. Sie waren keiner politischen oder zivilgesellschaftlichen Gruppierung und keiner Nichtregierungs-organisation zuzuordnen. Alle waren willkommen. Und alle drei Bewegungen entstanden im Internet.

Ihr werdet unsere Idee von Demokratie, je offen-sichtlicher sie zu eurer in Konkurrenz tritt, immer schlechter finden. Trotzdem wird sie die Zukunft dieses Planeten bestimmen, und sie zeigt schon jetzt, in ihren ersten, noch rohen Erscheinungsfor-men, wie gut sie funktionieren wird. So kündigte nach dem »Marsch für unser Leben« Donald Trumps Justizminister ein Verbot der Umrüstung von halb-automatischen Waffen auf Schnellfeuergewehre an. Manchmal spürt Trump offenbar, wann es Zeit ist, zu handeln.

Unsere Idee von Demokratie wird sich mit unse-rem wachsenden Machtbewusstsein als Generation immer bemerkbarer machen. Derzeit lernen wir vor allem, als Konsumenten mit dieser Macht umzu-gehen. Wir können uns entscheiden, *WhatsApp* zu verwenden oder nicht, *Facebook* zu verwenden oder nicht. In eurer Welt hieß es noch: Der Kunde ist Kö-nig. In unserer Welt heißt es: Der Konsument ist Gott. Und wir entdecken gerade, was das bedeutet.

In New York haben Jugendliche im Alter von 14 bis 22 Jahren die Agentur *JÜV* (eine Abkürzung für »juvenile«, also »jugendlich«) gegründet. *JÜV* erklärt Firmen, wie sie die Generation Z, also die ab 1996 Geborenen, erreichen können. Zu den Kunden der Agentur gehören dreißig börsennotierte Firmen, vor allem aus der Lebensmittel- und der Kosmetikindustrie.

Nachwuchsförderung ist es nicht, wenn diese Firmen den Teenagern und jungen Twens von *JÜV* zwischen 10.000 und 100.000 Dollar für Aufträge bezahlen. Es ist vielmehr nüchternes Kalkül. Denn in den USA stellt die Generation Z immerhin ein Viertel der Bevölkerung und ihre Kaufkraft liegt bei jährlich rund 44 Milliarden Dollar.

Wir sind euren Politikern egal. In der Konsumwelt ist es für uns zugegeben einfacher, Macht zu erlangen. Denn immer mehr Unternehmensstrategen denken wie einst Ray Kroc, Gründer der *McDonald's Corporation*: Wer die Jungen hat, hat alle. Der Politik hingegen sind wir noch ziemlich egal. Wir sind als Zielgruppe nicht interessant genug für sie, weil wir uns bei Wahlen eher spontan entscheiden, weil unsere Mobilisierung schwierig ist und weil unser Anteil an den Wahlberechtigten zu gering ist. Viel mehr als ein paar von der EU bezahlte Pseudo-Influencer, die uns via *YouTube*, *Instagram* und *Snapchat* zu den Wahlurnen locken sollen, ist für uns nicht drin.

Selbst wenn junge Politiker an die Macht kommen, muss sich daran nichts ändern. Der österreichische ÖVP-Chef Sebastian Kurz mag vielleicht jung denken, aber er hat keine Chance, das politisch auszudrücken. Um Wahlen zu gewinnen, muss er seine Strategie an den Interessen der Alten ausrichten, die im Hintergrund den Zauberstab schwingen. Die Analysen der Europawahlen 2019 zeigten dann auch, dass dieses politische Kalkül voll aufgeht. Zwar schnitt Kurz' ÖVP bei uns, der jungen Generation, schlecht ab, doch die Zustimmung eurer Generation und der noch älteren reichte ihm für einen klaren Wahlsieg.

Zwar ist eines der für uns wichtigsten Themen, der Klimaschutz, jetzt groß geworden, doch bisher ist das nur viel Gerede. So konnten sich auf dem EU-Gipfel im Juni 2019 die 28 EU-Staats- und Regierungschefs nicht auf die CO_2-Neutralität bis 2050 einigen. Bei dem Punkt gebe es nicht die erforderliche Einstimmigkeit, hieß es in der Abschlusserklärung. Zwar waren die meisten Länder dafür und die Einigung scheiterte vor allem an Polen, Ungarn und Tschechien, aber trotzdem: Wir reden von 2050! Da haben die jetzigen Teenager schon graue Haare.

Als die deutsche Wochenzeitung *Die Zeit* im Dezember 2018 über Studierende und Schüler berichtete, die sich als »Gilets Jaunes« (gelbe Westen) über eine *Facebook*-Gruppe an den Gelbwesten-Protesten beteiligten und unter anderem die hohen französischen Studiengebühren und mangelnde Maßnahmen gegen Jugendarbeitslosigkeit kritisierten, zitierte sie eine Studentin: »Es ist, als ob die Politiker uns gar nicht sähen – dabei sind wir die Zukunft!«, sagte sie.

Genau so ist es, und auch die Zusammensetzung des europäischen Parlaments zeigt die Gleichgültigkeit der Politik gegenüber unserer Generation. Keine Generation fühlt sich europäischer als wir, dennoch sind wir für die EU nicht vorhanden. Anfang Mai 2019 waren viele der 748 EU-Abgeordneten über achtzig Jahre alt, aber nur ein Einziger war unter dreißig. Unter vierzig Jahre alt waren auch nur 77 Abgeordnete. Das Durchschnittsalter lag bei 56 Jahren. Von wegen Parlamente als Spiegel der Gesellschaft. Dementsprechend gering ist traditionell die Wahlbeteiligung unserer Generation an EU-Wahlen.

Unsere Art von Demokratie wird kommen. Manchmal sieht es für uns so aus, als würde die politische Entwicklung genau in die verkehrte Richtung verlaufen. Wie beim Brexit, einem für uns absolut mühsamen Thema. Immerhin zeigt sich dabei, wer das Problem ist. Ein paar alte Säcke, borniert und erstarrt, die überfordert im britischen Unterhaus sitzen und nicht wissen, was sie tun sollen.

Sie sind kein rein britisches Phänomen. Sie sind so etwas wie Karikaturen vieler Alter, die auch in demokratischen Institutionen anderer Länder herumsitzen, mit der Wahrheit machen, was sie wollen, und dabei letztendlich planlos sind. Würden sie alle durch Vertreter meiner Generation ausgetauscht, wäre nicht nur das Problem mit dem Brexit binnen kürzester Zeit gelöst.

Ein ähnlich düsterer Rückschritt ist die Politik Trumps, der entweder wissentlich der Welt schadet, um kurzsichtige Interessen zu bedienen, oder selbst zu kurzsichtig ist, um zu verstehen, was er tut. Was für ein Schwachsinn zum Beispiel, politisch mit dem amerikanischen Marktzugang des chinesischen Telekommunikationsausrüsters Huawei zu pokern. Was soll das anderes bringen als ein paar zustimmende Rülpser amerikanischer Rednecks?

Die chinesische Regierung würde bei der Verweigerung durch Trump die Entwicklung eigener Technologien mit Milliarden subventionieren. Gräben würden aufgehen. Trump würde damit das feine Netzwerk, das alle Konzerne, Nationen und Kulturen miteinander verbindet und dessen Entwicklung unsere beste Chance auf einen globalen Frieden durch globale wechselseitige Abhängigkeiten ist, an einer entscheidenden Stelle zerreißen.

Trotz solcher Rückschritte, zu denen zweifellos auch Putins, Erdoğans und Orbáns politische Konzepte gehören, wird diese Welt noch erleben, wie unsere Stimme mit eurem Aussterben an Gewicht gewinnt. Wie alt wir dann auch immer sein werden, es wird die Welt zu einem besseren Ort machen. Denn unsere politische Denkart ist von ganz anderen Erfahrungen geprägt als eure und deshalb auch ganz anders ausgerichtet.

Eure politische Denkart ist von der Erfahrung des Verlustes geprägt. Die Generation vor euch hatte alles verloren. Es ging ihr darum, etwas aufzubauen. Euch geht es darum, das Aufgebaute festzuhalten.

Dabei übersehr ihr, dass diese drei bis vier Jahrzehnte der ökonomischen und politischen Stabilität, die Europa und Nordamerika nach dem Zweiten Weltkrieg hatten, sich so nicht einfach fortsetzen lassen. Denn ihre Ursachen, die wirtschaftliche Dynamik des Wiederaufbaus, der Marshallplan und das Übermaß an Ressourcen aus den früheren Kolonien und die Möglichkeit zur rücksichtslosen Ausbeutung derselben stehen so nicht mehr zur Verfügung.

Unsere politische Denkart ist von ganz anderen Herausforderungen geprägt. Wir sind nicht mit dem Bewusstsein des Mangels aufgewachsen. Wir denken, dass wir alles haben, was wir brauchen, und stellen uns die Frage, worum es als Nächstes geht. Als Antwort tauchen dabei einige enorm wichtige Dinge auf.

Wir sehen, dass ihr aus Profitgier, Konsumlust und Gleichgültigkeit unsere Meere in flüssige Müllkippen verwandelt, die Atmosphäre mit Abgasen versetzt, die Regenwälder zerstört und zur Verarmung hunderter Millionen von Menschen beigetragen habt. Dabei wird uns klar, dass wir noch mehr verlieren könnten, als selbst die Generationen vor euch verloren haben, und dass die Behebung der Schäden, die ihr angerichtet habt, unsere wichtigste Aufgabe ist.

Wir sind deshalb weder Alternative noch Öko-freaks, weder Pazifisten noch das, was ihr Gutmenschen nennt. Wir haben bloß im Gegensatz zu euch eine Zukunft und brauchen dafür einen Lebensraum, in dem wir gesund und in Frieden existieren können, und ihn zu erhalten oder erst zu schaffen ist auch eine politische Aufgabe.

Deshalb bringt es uns nichts, unsere Zeit für Parteipolitik und Postenvergaben zu verwenden. Es macht für uns nicht einmal besonders viel Sinn, über intelligente wirtschaftspolitische Konzepte, kulturpolitische Reformen oder verkehrspolitische Zusammenhänge zu diskutieren, solange nicht der Fortbestand unserer natürlichen Lebensgrundlage gesichert ist. Klima, Friede, Fortschritt, Migration, Integration und dazu Netzpolitik, das sind unsere Themen, und bei allen von ihnen ist klar, dass nationale Alleingänge wenig bringen.

Wir denken politisch global. Das ist die Stelle, an der ihr die Hände in den Schoß legt und sagt: »Sorry, da kann man halt nichts machen.« Wir dagegen wissen, dass wir uns mit dieser Ausrede selbst aufgeben würden. Deshalb, und weil wir es im Internet so gelernt haben, denken wir nicht mehr nur: »Austria first. Germany first. America first.« Wir denken: »Die Welt zuerst. Der Planet zuerst.« Mit links oder rechts hat das nichts mehr zu tun.

Ich glaube, dass wir als Welt kollektive Ziele haben können, haben sollen, haben werden und im Ansatz auch schon haben. Nicht Deutschland, die USA und China werden in Zukunft je ein Klimaziel haben, sondern alle Länder werden ein gemeinsames haben.

Nicht Schweden, Thailand und Australien werden je ein Bildungsziel haben, sondern es wird globale Bildungsziele geben.

Die Entwicklung dazu zeichnet sich bereits ab. So etwa haben im Frühjahr 2019 bei einem UNO-Treffen in Genf 187 Staaten ein rechtlich bindendes Rahmenabkommen unterzeichnet, wonach Länder in Zukunft den Import von Plastikmüll ablehnen können. Das soll vor allem Entwicklungsländern helfen, die von Müll aus anderen Staaten faktisch überschwemmt werden. Zudem gibt es zahlreiche Richtlinien in vielen Bereichen, zu denen sich Staatengemeinschaften bekennen. Ob sie diese Richtlinien einhalten, ist eine andere Frage, aber das ist ein Anfang und in diese Richtung wird es weitergehen.

Wir befreien die Unterdrückten. Am Ende werden sich auch die Diktaturen der starken Strömung einer sich globalisierenden Demokratie ergeben müssen. Noch geht China mit rigoroser Härte und unbeschreiblicher Akribie gegen kritische Kommentare in sozialen Netzwerken vor. Mein Onkel besuchte einen Freund in Shanghai, und wenn er dort Internetseiten öffnen wollte, dauerte es zwanzig bis dreißig Sekunden, weil der Staat jede Eingabe überprüft, ehe er sie freigibt.

Doch auch China wird seine Bevölkerung in einer sich demokratisch globalisierenden Welt nicht auf Dauer unterdrücken können. Auch dort wird das Internet irgendwann auf der Straße sein. Selbst ernannte Eliten mit egoistischen Interessen werden sich den davon ausgehenden politischen Impulsen vielleicht für eine Weile, aber bestimmt nicht für immer entgegenstellen können.

Irgendwann wird die Diktatur in China einfach nicht mehr funktionieren, so wie es jetzt schon nicht mehr funktioniert, dass China industrielle Abgase ungefiltert in die Luft bläst. Niemand hätte noch 2009 erwartet, dass China 2019 intensiver über umweltpolitische Konzepte nachdenken und beim Umstieg auf Elektromobilität konsequenter vorgehen würde als westliche Staaten.

China tut das, weil es sonst einfach erstickt und es wird auch der Punkt kommen, an dem es Gefahr läuft, politisch an seiner eigenen Diktatur zu ersticken. Denn China will an der Welt teilhaben. China will internationale Geschäfte machen. Das Land ist schon stark in Afrika, aber auch in Europa und in den USA, und das politische Konzept der Unterdrückung steht der Weiterentwicklung in diese Richtung im Weg.

Ähnliches gilt für Saudi-Arabien. Dort haben gebildete junge Menschen zunehmend genug vom traditionellen Kurs und flüchten ins Ausland oder kommen von Studienaufenthalten nicht mehr zurück – was den Kronprinzen Salman zunehmend unter Druck bringt, weil damit nicht nur die zukünftige Elite verschwindet, sondern er auch mit wachsender Kritik an seinem Regime leben muss, die er zwar daheim unterdrücken kann, nicht aber in der Diaspora.

Wir haben einen breiteren Horizont. Zu unserer, im Vergleich zu eurer, ganz anderen politischen Ausrichtung tragen auch unsere verbesserten Möglichkeiten zu reisen bei. Bei euch gab es Interrail, das war nicht schlecht, aber wir können dank günstiger Flüge und offener Grenzen fast um unser Taschengeld quer durch Europa und rund um den Globus reisen.

Wenn ich in Länder wie Tansania oder Äthiopien reise, dann treffe ich dort 16-, 17- und 18-Jährige, die genauso denken wie ich und mit denen ich sofort auf einer Wellenlänge bin. Ich glaube kaum, dass ihr in eurer Jugend vor zwanzig oder noch mehr Jahren in diese Länder fahren und mit Einheimischen auf die gleiche Art über gemeinsame Themen reden konntet wie wir.

Ihr seid vielleicht mit euren VW-Bussen nach Marokko gefahren und habt euch dort bekifft, aber ihr habt nicht zu anderen Marokkanern gesagt: »Na ja, Islam? Brauchen wir den Islam wirklich in der Politik?«

Wir können das heute. Es gibt immer auch die anderen, die von einer konservativen alten Gesellschaft geprägt sind und auf ihre Traditionen pochen, die also alt denken, aber die jung Denkenden werden mehr und sie werden stärker, und darin liegt die große Hoffnung.

Von unseren Möglichkeiten zu reisen kommt auch unser Lebensgefühl, dass wir nicht Österreicher, Deutsche oder Italiener sind, sondern Europäer. Wenn ihr zum Beispiel als Österreicher gefragt werdet, woher ihr kommt, dann buchstabiert ihr das Wort »Austria« vorauseilend so, dass keine Verwechslungen mit »Australia« möglich sind. Werden wir gefragt, woher wir kommen, sagen wir ganz selbstverständlich: »Ich bin Europäer. Ich bin Europäerin.«

Unsere Heimat kann überall sein. Es geht uns deshalb neben unseren anderen politischen Zielen vor allem auch um Reisefreiheit. Es geht uns darum, mehr als euch, die ihr es gewohnt seid, dass es einen Eisernen Vorhang und andere kaum überwindbare Grenzen gibt. Denn wir sind es gewohnt, dass auch Eiserne Vorhänge fallen können, dass sie unnötig sind, und wir sind ungeduldig, was die Beseitigung jeglicher Art von nationalen Grenzen betrifft.

Nationalismus ist uns fremd. Wir wollen eine Firma in Wien gründen und mit einem Mitarbeiter in Neu-Delhi an einem Projekt in Lettland arbeiten können. Das ist für die Unternehmer meiner Generation das Normalste der Welt.

Auch ich entwickle meine Universität nicht für das Land, in dem ich geboren wurde, sondern für die Welt, in die ich geboren wurde. Ich orientiere mich dabei nicht an den österreichischen Befindlichkeiten, bildungskulturellen Erwartungen und Denkmustern, sondern an der globalen digitalen Realität und dem internationalen Vergleich.

Je mehr Vertreter meiner Generation Unternehmen gründen, leiten und skalieren, desto weniger wird von euren nationalen Befindlichkeiten, Erwartungen und Denkmustern übrig bleiben. Wenn die Grenzen einmal aus den Köpfen verschwunden sind, kann sie keine auch noch so rigide Diktatur auf Dauer in der Welt erhalten, schon gar nicht in der digitalen Welt.

Deshalb hat auch das Wort »Heimat« für uns eine dermaßen andere Bedeutung als für euch, dass wir dafür eigentlich ein neues finden müssten. Ganz ehrlich: Ich liebe Österreich, die wunderschöne Stadt Wien, die Alpen, die ganze Kultur und Natur hier, aber ich bin viel in den USA und in Skandinavien, und ich fühle mich ziemlich schnell überall wohl und merke, dass es anderen jungen Menschen genauso geht. Dank des Internets sind wir alle irgendwie schon in der Welt zuhause, während euer Heimatbegriff noch eine bestimmte Grenzziehung voraussetzt.

Ihr zeigt das zum Beispiel, wenn es um Arbeitsbewilligungen für Asylwerber geht. Ihr denkt, da kommen neue Leute von außen herein und wollen uns unsere Arbeitsplätze wegnehmen. Dagegen wehrt ihr euch.

Wir sehen das anders. Wenn ein Asylwerber etwas gut kann, dann ist es für uns in Ordnung, wenn er es auch tut. Es macht einfach Sinn.

Euer zentraler Gedanke ist: Was kann mir wer wegnehmen? Unser zentraler Gedanke ist: Wer kann was beitragen?

Dazu kommt, dass unsere kulturellen Barrieren viel niedriger sind als eure. Ich weiß nicht genau, woran es liegt. Vielleicht daran, dass wir von Anfang an, im Kindergarten, in der Schule und in unserem ganzen Freundeskreis, viel häufiger mit Menschen aus anderen Kulturen zu tun hatten als ihr in eurer Kindheit und Jugend.

Vielleicht hat es auch damit zu tun, dass das Internet global ist und von den Menschen, die wir dort sehen, keiner einen Sticker trägt, auf dem steht: Ich bin Asiate oder Afrikaner oder was auch immer und deshalb bin ich ein schlechterer Mensch.

Mein äthiopischer Adoptivbruder zum Beispiel wird kaum noch kulturelle Barrieren vorfinden. Es wird ihn vielleicht nerven, dass er immer wieder die Frage beantworten muss, woher er kommt, obwohl er in seiner Wahrnehmung aus Österreich kommt, aber das wird alles sein.

Wir haben eine Vision für Europa. Besonders wichtig ist für uns die Überwindung des Nationalismus innerhalb Europas. Es ist schön, wenn es Länder wie Frankreich, Rumänien oder Dänemark weiterhin gibt, aber es reicht, wenn sie Anbieter regionaler politischer Strukturen und Marken für den Tourismus sind.

Ich glaube nicht, dass Europa dabei unbedingt so wie die Vereinigten Staaten von Amerika werden muss. Ich glaube, dass wir sogar etwas Besseres schaffen können.

In den USA rufen verschiedene Bundesstaaten verschiedene Bilder wach. Texaner, denken wir zum Beispiel, das sind die Cowboys. Doch wir hier haben einen viel größeren kulturellen und intellektuellen Reichtum, den wir in ein vereintes Europa einbringen können. Jedes Land hat seine Talente und in Summe haben wir so viele davon, dass wir richtig stark und global richtig erfolgreich sein könnten, wenn jeder seinen eigenen Raum hätte, um sie auszuleben, und dabei alle an einer gemeinsamen Sache arbeiten würden.

Der Kulturverlust der Mitgliedsländer in einem gemeinsamen Europa ist dabei nichts als eine von Populisten heraufbeschworene Schimäre. Gerade von Menschen, die sich stark mit ihrer Kultur identifizieren und die oft lange von Nationalstaaten unterdrückt wurden, wie Basken und Katalanen, wissen wir, dass sie gerne Basken oder Katalanen und zusätzlich Europäer sind. Sie begreifen Europa als Chance, ihre Kultur gleichberechtigt unter allen anderen Kulturen zu leben.

In einem richtungsweisenden Artikel mit dem Titel »Zum Glück chaotisch« in der Ausgabe der *Zeit* vom 13. Juni 2019 bewies der 1963 geborene deutsche Journalist Uwe Jean Heuser, dass auch einige wenige von euch so wie wir denken können, zumindest in einzelnen Bereichen.

»Was Europa zerbrechlich wirken lässt«, schrieb Heuser, »ist auch seine besondere Stärke: die Vielfalt. Wirtschaftlich. Technisch. Sozial. Kulturell. Es lebt von einer Mischung aus Mit- und Gegeneinander.

(…) Europa ist nicht ein Labor, es besteht aus vielen. So bringt die Zivilgesellschaft an unterschiedlichen Orten erstaunliche Lösungen hervor – etwa unter dem Dach der britischen Innovationsstiftung *Nesta*, die einst von der Regierung gegründet wurde und heute unabhängig in den verschiedensten Städten arbeitet. (…) Die Chinesen stecken Hunderte Milliarden Dollar in neue Hightech-Industrien, die Amerikaner wandeln sich zum aggressiven Exporteur von Öl und Gas, während Europa vor sich hin puzzelt. So wirkt das dann. Bloß entsteht das Neue, ökonomisch wie ökologisch, sozial wie technisch, in Wahrheit oft im Kleinen. (…) Die Vielfalt existiert weiter. Und statt darum zu trauern, dass es auf absehbare Zeit keine Vereinigten Staaten von Europa geben wird oder gar ein China des Westens, sollte genau dies als Alleinstellungsmerkmal gefeiert werden.«

Die Geschichte gibt uns recht. Es scheint in der Natur eines großen Teils der Menschheit zu liegen, dass die gesellschaftlichen Umwälzungen, die große Innovationen mit sich bringen, falsch eingeschätzt werden.

Nach der Erfindung des Buchdrucks dachte ein großer Teil der Menschheit, er sei zur Verbreitung der Bibel da. Stattdessen löste er eine tiefgreifende kulturelle und politische Revolution aus, an deren Ende die Nationalstaaten als neue politische Modelle standen.

Die Digitalisierung hat eine noch tiefgreifendere kulturelle und politische Revolution ausgelöst, an deren Ende diese Nationalstaaten verschwunden sein werden.

Undenkbar? Bevor das Römische Weltreich kam, waren gemeinsame Gesetze, eine gemeinsame Währung und eine gemeinsame Amtssprache verschiedener Länder auch undenkbar, und dennoch hat sich all das durchgesetzt und irgendwann war es Realität und selbstverständlich.

Im Internet entstehen gerade die technischen Voraussetzungen, auf denen sich so etwas aufbauen lässt, zum Beispiel die erwähnte Blockchain-Technologie. Sie ist dafür gemacht, in allen relevanten Bereichen des Lebens und des Interagierens von Menschen nationale Grenzen nicht nur zu überschreiten, sondern auch ad absurdum zu führen. Via Blockchain brauche ich zum Beispiel kein staatlich geregeltes Verfahren mehr, wenn ich von Wien aus einem Freund, zum Beispiel in Johannesburg, Geld leihen will. Ich kann es ihm einfach überweisen.

Die Staaten haben ein Problem damit, weil sich die Dinge damit an ihnen vorbei regeln lassen, zwischen den Beteiligten, aber mit dieser Technologie sind alle Abläufe transparent und nachvollziehbar und sie hat das Potenzial, die Welt friedlich zu globalisieren.

Wir wollen die direkte Demokratie. Wir lieben nicht nur die Vorstellung eines gänzlich grenzenlosen und wirklich gemeinsamen Europas, sondern wir lieben Europa an sich. Wir lieben es, zu denken: Der Boden, auf dem ich stehe, ist nicht bloß Lettland, Tschechien oder Ungarn, sondern er ist auch Europa. Das gibt uns das Gefühl, Teil einer großen, bunten, offenen und freien Gemeinschaft zu sein, die anderen Gemeinschaften wie den USA oder Asien mindestens auf Augenhöhe gegenübersteht.

Es langweilt uns allerdings, wie ihr Europa macht. Da sitzen ein paar verstaubte Beamte in Brüssel, die regeln, wie weiß Porree sein muss und wie eine Pizza gebacken werden muss und die auf jeder Ebene irgendwelche Entscheidungen treffen, ohne dass wir daran teilhaben, und bei den EU-Wahlen geht es dann gefühlt darum, wer welchen Staub wohin kehrt.

Womit ich bei einem der wichtigsten Punkte bin, die unsere Idee von Demokratie von eurer unterscheidet. Unsere Demokratie ist nicht nur global ausgerichtet, sondern sie ist vor allem auch eines: direkt.

Warum gibt es in der EU nicht regelmäßig Abstimmungen, bei denen wir gemeinsam mit Menschen in Kroatien, Finnland oder Portugal über Dinge entscheiden können, die uns alle betreffen? Ich weiß es nicht. Aber wenn ihr die EU jünger und attraktiver für junge Menschen machen wollt, dann solltet ihr nicht neue Medien verwenden, um damit eure alten Geschichten zu verbreiten, sondern den Weg der direkten Demokratie einschlagen.

Auch die Entwicklung zur direkten Demokratie könnt ihr nicht mehr aufhalten. Wenn ein Spitzenpolitiker auf seiner *Instagram*-Story eine Umfrage macht und 40.000 Menschen abstimmen, dann ist das schon eine kleine demokratische Revolution. Denn wie lange hat es zu eurer Zeit gedauert, um 40.000 Meinungen einzuholen?

Kann schon sein, dass uns noch ein paar Aufstände von der globalen Durchsetzung direkter Demokratie trennen, ziemlich sicher ist es so. Doch sie wird kommen und Politik wird dann endlich richtig sexy für alle sein. Menschen überall auf der Welt werden diese Art von Demokratie haben wollen, so wie irgendwann alle Autos, Kühlschränke, *McDonald's* und Handys haben wollten.